宣伝は差異が全て

邪神ちゃんドロップキックからマーケティングを学ぶ

アニメ宣伝プロデューサー
柳 瀬 一 樹

太田出版

筆者挨拶

「私を雇ってほしい」「この商品を買ってほしい」など誰かに首を縦に振ってほしいことってありますよね。でも自分には自信がないからと最初から諦めたりしていませんか。

○今までゲームばっかりやっていたあなた！（私です）

面接の時には「趣味はゲームです」と言うより「私は空き時間の全てをゲームに注ぎ込んできたので、これからケータイでゲームが動くようになる未来が想像できます」と言った方が首を縦に振ってもらえます。（そうやってＮＴＴドコモに入社しました）

○ライバルがたくさんいる激戦区で
自分のところの商品を売らねばならないあなた！（私です）

「おいしいかき氷です」と言うより「1杯1500円。会場で一番値段が高いです。その代わりいちご1・5パック使った日本で一番濃いかき氷を体験できます」と言った方が首

を縦に振ってもらえます。（そうやって3000杯売りました）

コンテンツが溢れるこの世界。話を聴く側はたくさんの選択肢の中、**「他と何が違うのかな？」**ということにしか興味がありませんので、的確に差異を描いてあげれば、弱みすらも強みになります。

この本を書いているのは、「邪神ちゃんドロップキック」というあまりメジャーではないアニメ作品をクラウドファンディングやふるさと納税を用いたアニメ制作、違法アップローダーより早い公式切り抜き、転売ヤーよりも安いメルカリ販売など、あらゆる手段を使って人気作品に成長させた宣伝プロデューサーです。

私は宣伝の仕事をする中で「差異が宣伝の全てなのだ」ということに気がつきましたが、そこに至るまでの道のりは暗中模索で死屍累々。トライアンドエラーの多さには自信があります。

これらの膨大な失敗の中から、うまくいった事例とそのメカニズムをピックアップしてお伝えしますので、読者の皆さんはそのエッセンスを効率良く摂取して頂き、就職活動や日々のお仕事にお役立て下さい！

はじめに

邪神ちゃんドロップキックとは？

「邪神ちゃんドロップキック」は漫画家ユキヲ先生が描くギャグマンガです。女子大生花園ゆりねが召喚した悪魔「邪神ちゃん」が、魔界に帰るために必殺のドロップキックでゆりねを倒そうとするがいつも返り討ちにされるというドタバタコメディで、2018年から合計4回、37話がテレビアニメ化されました。YouTubeの映像が1億回以上視聴されたり、中国の配信サービスbilibiliでも1億回以上視聴されたりなど一部で話題の作品です。

このアニメ「邪神ちゃんドロップキック（以下「邪神ちゃん」）」が注目を浴びるようになったのは2022年の3期からで、ゲストキャラとして登場した初音ミクがネギを振っているシーンはYouTubeで1億回以上視聴されて

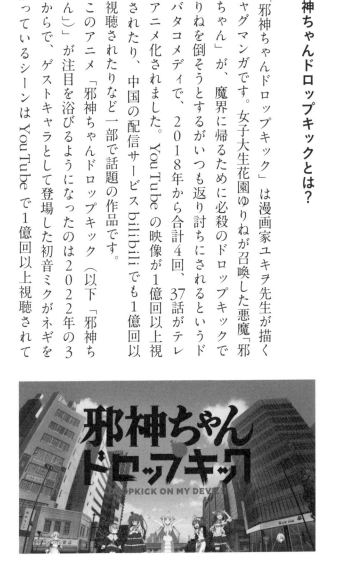

います。

他の作品が行わない変わった宣伝を行うことで知られており「**違法より早い切り抜き**」「**違法アップロードの合法化**」「**公式が転売より安くメルカリ販売**」「**ふるさと納税でアニメ制作**」「**クラウドファンディングで1億円**」など様々なエピソードを残しています。

本編はAmazon Prime Videoなどで配信しているので、ご覧になったことがない方はぜひご視聴ください。

始まりの地秋葉原、最初の敗北と凱旋

アニメ邪神ちゃんの宣伝は2018年に秋葉原で敗北したところから始まります。**この施策を行った宣伝プロデューサーの私は、アニメ宣伝など1度もやったことのないただの素人でした。**なぜそんな私がアニメ宣伝をすることになったのか？　その経緯をご理解頂くためには、当時の地殻変動期とも言えるアニメビジネスの変化についてお話ししなくてはなりません。
皆さんは**製作委員会**という言葉を聞いたことがありますか？

これは民法上は任意組合と言われるもので、1つの事業を行うために複数の出資者が集まって資金を出し合い、利益を分け合いリスクを分散しようという試みです。

もう少し具体的な例を挙げてみましょう。例えばあなたがブルーレイ・DVDなどのパッケージを販売するビデオメーカーだったとしましょう。**最近はテレビアニメを1本作るのに3億円ほどかかります**ので、ビデオメーカーが1社で3億円のお金を拠出しても、パッケージ販売だけでそれ以上の売上を期待するのは現実的ではありません。

それなら海外に作品を展開する商社・国内配信を行うプラットフォーマー・商品化を行うグッズメーカーなどとチームを組んでお金を出し合い、製作したアニメのビデオグラム化権だけを手に入れた方が事業のリスクが下がりますし、それぞれの分野のプロが集まるのでメディアミックス展開にも期待ができます。このことから現在ほとんどのテレビアニメは製作委員会方式で作られています。

ところが、スマートフォンの普及と配信サービスの普及に伴ってパッケージ市場は急激に縮小。パッケージ売上は２０１４年から7年連続の減少となりました。

パッケージが売れなさそうな作品にはビデオメーカーは出資をしないので、それまでは製作委員会の中心にいたはずのビデオメーカーが不在の委員会が登場するようになりました。

邪神ちゃんドロップキック製作委員会もその一つでした。製作委員会に参加する各社はお金だけではなく人も出します。それまで宣伝プロデューサーと呼ばれる役割は全国に販路を持つビデオメーカーの宣伝マンが行うケースが多かったのですが、邪神ちゃんチームにはビデオメーカーがいないので宣伝マンを外部から雇わねばなりません。

今でこそアニメ宣伝を専業とする会社もありますが当時はそんな会社はありませんでしたので、アニメ配信サービスの企画・プロモーションをしたことがある私に「**柳瀬さんはなんかアニメ宣伝できそうだからやってみて**」と白羽の矢が立ったのでした。

きっとこの本を読んでいる皆さんもアニメ宣伝などやったことがないと思いますので一緒に考えて頂きたいのですが、どうすればアニメを宣伝することができるのでしょうか？

わからないことはまず他の人たちが何をやっているかを調べるはずです。私も他のアニメ作品がどのような施策を行っているのかを調べました。多くの作品が秋葉原、新宿、池袋などの駅で屋外広告を行っていることがわかりましたので、なるほどこれが王道のやり方なのだなということを学びました。

みんながやっているのだから間違いないです。私はさっそくプロモーション映像を制作し、秋葉原駅のサイネージ広告枠を買ってそこに映像を流すことにしました。私にとっては初めての宣伝なのでその結果をこの目で見てみたいと思い、配信開始となる朝の秋葉原

駅に出向きました。そこで直面したのは

誰一人映像など観ていない

というあまりにも厳しい現実でした。私は製作委員会に**「何の成果も得られませんでした」**と報告するより他なく、使ってしまったお金は戻ってこず、今後これに類することをいくらやってもなんにもならないだろうということを確信し、アニメ宣伝というものを根本的に見直さねばならないと思いました。

この時私の頭に浮かんでいたのは「アリババと40人の盗賊」です。アリババを殺しに来た男は家の扉にチョークで目印を付けた後に仲間を呼びに行きますが、戻ってくると近所の家中の扉にチョークで目印が付けられていてどこがアリババの家かわからないというあのお話です。

それと同じくマンガ・アニメ・ゲームといったコンテンツが溢れる秋葉原の駅前に1つアニメの映像を流したところでそれが目立つわけはなく、むしろ隠してあるとさえ言える

のです。

この時私は安易な前例主義は宣伝には通用しないということを知り、差異を生まねば宣伝にはならないということ、むしろ**宣伝は差異が全て**なのだということを学んだのでした。


それからというもの、邪神ちゃんチームは徹底して他の作品がやらないことを中心に宣伝を展開するようになりました。他社の成功事例を参照しないので、やること全てが未知の領域です。ファンの皆さんを「邪教徒」と呼んで**薄暗い秋葉原の雑居ビルで怪しいサバトを開催**したり、女子プロレスとコラボして**後楽園ホールでドロップキックを放ったり**、**宣伝費で馬券を買ってお金を失ったり**、それらの企画はほとんどが赤字になりましたが、こんなことをやる作品は他にはないので全ての施策がニュースになっていきます。

そしてニュースが世に出るたびに、着実に「**邪神ちゃん運営は頭がおかしい**」と言われるようになっていきました。頭がおかしいは褒め言葉です。なぜならばその言葉には「世間の常識や理（ことわり）からは外れたもの」というニュアンスが含まれており、それは私が目指す差異そのものだからです。

こうして邪神ちゃんは変わった宣伝手法でよく話題になる作品というブランドを築いていき、映像作品としてだけではなくコンテンツの展開も面白い作品として人気を獲得していきました。

そしてあの敗北から5年の歳月が経った２０２３年5月、ついに邪神ちゃんは秋葉原駅前をジャックすることに成功します。かつては誰も見向きもしなかった1枚のサイネージ広告とは異なり、巨大な壁面を彩る超大型の展示物たちに道ゆく人々は否応なしに目を留め、絶対邪神ちゃんを知らないであろう外国人観光客が「オー、ジャパニーズメイドー」と言いながら写真を撮ってくれます。地道に差異を生み続けた結果辿り着いたのは、まさかの大きさと物量で差異を生むという施策でしたが、あたかもその様子は**まるでメジャー作品のようでした。**

この本の目的

この本の目的は読者の皆さんにマーケティングの力を使ってそれぞれの人生をより良くしてもらうことです。

読者の皆さんはきっと就職活動や日々のお仕事など、それぞれの人生を頑張っているはずです。しかし自分が強者であったならばどんな戦いも楽々勝ててしまうのですが、多くの場合は弱者としてチャレンジする立場であり、決められた枠組みの中でなんとか頑張っていらっしゃるのではないでしょうか。

私はそんな皆さんそれぞれに個別のアドバイスをすることはできませんが、邪神ちゃんという決して強くはないアニメ作品をマーケティングの力で生き残らせてきたその過程を紹介することで、**枠組みを疑い、弱みを生かして勝つ方法があると**いうことをお伝えします。

この本の特徴

この本は他のマーケティング本と何が違うのでしょうか。宣伝、広告、販売、マーケティングに関する書籍はたくさんあります。

定番と呼ばれるものはマーケティング・ミックス、マーケティング4Pなどの理論を説明したもの、ドラッカーやコトラーといった偉人たちの考えを伝えるものなどが挙げられます。これらの本は抜け漏れなくマーケティング全般について網羅されており、とても勉強になります。その代わり、**各項目の抽象度が高すぎるので自分にもわかるような具体例を知りたくなります。**

次に、大成功したトップブランドの戦略を紹介するタイプの本は、書き手がどのような工夫をしてきたかを知ることができますし、読者もきっと消費者のうちの1人なので「あの商品の裏側はこうなっていたのか」とおおいに納得感を持って読むことができます。

しかしこれらの本はいずれも大企業の経営者目線であったり、そもそもデータ収集能力や顧客対応能力が桁外れに強い組織力を駆使していたり強者の強みを生かしているので、**多くの読者にとっては日々の自分の仕事に結びつけることは難しいように思えます。**

そして、ＤＸ（デジタル・トランスフォーメーション）やソーシャルメディア・マーケティングなどに特化したマーケティング本は、手法を示したのちに様々な企業の成功事例を引用して説明をしてくれるものが多く、すぐに使える技術を学ぶことができます。

しかしこれらはあちこちから集めてきた成功事例集であるため、**施策の実行者が1つの目標に向かって試行錯誤してきた過程を知ることはできません。**

これらの穴を埋めるには、読者の手が届くくらいのスケール感で、ある1つを対象としたケーススタディ・事例研究が求められます。これに該当する書籍として、本書が名前をマネしている名著**『グレイトフル・デッドにマーケティングを学ぶ』**を思い出した方もいるかもしれません。

この本は1960年代にアメリカの西海岸で音楽活動を開始したバンド「グレイトフル・デッド」をケーススタディとして、彼らが音楽を無料で配布したり、ブランドの管理を緩くしたり、本来は敵であるはずのライバルを味方にしてしまったりする様子をマーケティングの目線で描いています。

本書はアニメ「邪神ちゃんドロップキック」をケーススタディとした今までにないマーケティング本です。マーケティングを体系で学ぶには不向きですが、紹介する内容は全て具体的ですし、それらは全てスモールビジネスなので多くの方がこれらの事例を自分のことのように把握することができます。そして全ての施策は実行者である私が「作品が生き残る」という目標に向けて試行錯誤をしてきた履歴となっているので、失敗も含めてなぜそのような施策を行ったかという過程を知ることができます。

また、これまでアニメ宣伝をメインテーマとした書籍は刊行されていないので、普通は窺い知ることができない**アニメ宣伝という業務の実態を描いている**点も大きな特徴です。

この本の構成

本書は二部構成となっています。

第一部ではアニメビジネスの概論を述べたのちに、**一般的なアニメ宣伝（テンプレ宣伝）と邪神ちゃんの宣伝（邪神ちゃんマーケティング）の差異**を明らかにします。次に邪神ちゃんが宣伝の枠組みを超えて新たな**ビジネスモデルを創出**したことについて述べています。

第二部ではプロの聞き手であるニッポン放送アナウンサーの吉田尚記《よしだひさのり》さんが読者の皆さんに代わって筆者に対して様々な問いかけを行いますので、皆さんは本書から得られる知見を仕事や就職活動などの実生活にどのように役立てていくべきか？　という疑問を解決することができます。

宣伝は差異が全て

邪神ちゃんドロップキックからマーケティングを学ぶ

CONTENTS

宣伝は
差異が
全て

CONTENTS

宣伝は差異が全て

CONTENTS

宣伝は差異が全て

CONTENTS

COLUMN

PART1

第一部

アニメ市場

コンビニに行けばアニメコラボ商品がたくさん。テレビをつければアニメタイアップ楽曲がたくさん。我々の生活はアニメに取り囲まれるようになりました。これらは全て収益を得ることを目的とした大きなアニメビジネスの一部です。それでは、これらのビジネスは今どれくらいの規模になっているのでしょうか。

『アニメ産業レポート２０２３』によると２０２２年のアニメ産業市場はコロナ後も成長基調が続いており、前年比１０６・８％の２兆９２７７億円となっています。「アニメ市場ってどれくらいか知ってる？」と問われたら「**10年で2倍の3兆円**」と答えればこの人はよくわかっていると思ってもらえます。

なお、出版科学研究所によると２０２２年の紙と電子を合算した国内出版市場は1兆6,３０５億円ですから**アニメの3兆円は出版の2倍くらい**です。海外売上を含むアニメ産業市場と比較するのは適切ではないかもしれませんが、アニメビジネスに全くなじみのない方でもその大きさがわかると思います。

テレビアニメのフォーマットと製作本数

アニメにはテレビアニメの他、劇場用アニメ、配信用アニメなど様々なフォーマットがありますが、本書では主にテレビアニメについてお話しするため、本書で使う**アニメ**とはテレビアニメを指し、**アニメ宣伝**という言葉はテレビアニメの宣伝を指します。

ここ数年、**アニメは年間およそ３００本もの新作が登場しています**。１９６０年代、手塚治虫先生の時代から毎週１回30分というスタイルが踏襲されており、昔は子どもをメインターゲットとして夕方やゴールデンタイムに放送されていましたが、現在は主に大人をターゲットとして深夜に放送されています。

テレビドラマと同じく放送期間は3ヶ月を一区切りの単位とし、これを**クール**と呼びます。１クールはおよそ12週なので、お話の構成は1作品あたり12話となることが多いですが、２クールを使って全24話を放送することもあります。

その時、続けて全話を放送する場合は「連続２クール」、途中数ヶ月から数年を空けて続きを放送する場合は「分割２クール」という呼び方をすることもあります。そういった作品はまれで、多くの作品は１クール12話で終わります。

これらの作品は毎クール60本から80本登場し、年間合計が300本ほどのアニメが製作されます。アニメ情報サイトはこれらの作品をクールごとに「2024年夏アニメ」のような形で情報をまとめていくので、自然とアニメファンは「次のクール何観る？」ということを意識して視聴しているように思えます。

余談となりますが「**製作**」と「**制作**」は別の概念で、漢字の中に「衣」という字が入っている通称「ころも付きの製作」は、その作品を通じて行われるアニメビジネス全体、もしくはプロジェクトそのものを作っていくことを指します。

一方「ころもなし制作」は、映像そのものをクリエイトすることを指します。したがって、上記の場合は製作という言葉を用いて「年間300本の新たなアニメビジネスが登場します」ということをお伝えしました。

テレビアニメのビジネスモデル

作品によりますが2024年現在、**アニメを1本作るためにはだいたい3億円のお金がかかっていて、**品質が高い作品はこれよりもずっとお金がかかります。

最低3億円かかるものが毎年300本作られているわけですから、**アニメを作るため**

に毎年1000億円くらいのお金が投じられているということになります。そして制作費は近年急激に高騰しているので、きっとこの数値も数年後には全く信用できないものになっていることでしょう。

それにしても**1000億円もかけて作られた作品をなぜ我々は無料で視聴できているのでしょうか**。

テレビCMを出している会社が制作費を支払ってくれているのでしょうか。例えばゴールデンタイムに放送される人気のテレビ番組であれば、ナショナルクライアントと呼ばれる全国的な知名度やブランドを持つ大企業がスポンサーになってくれる可能性もあるでしょう。しかし深夜アニメの視聴率は決して高くはないので、そういったテレビCMが入ることはあまりありません。深夜アニメのテレビCMがその作品のブルーレイボックスと原作コミックスとタイアップ楽曲の紹介ばかりなのはそういう理由があるのです。

それでは誰が制作費を支払ってくれているのかといえば、時代によってそのパトロン役は移り変わっています。

大昔は大日本帝国海軍省から始まり、その後は製菓会社・玩具会社・ビデオメーカー・遊技機メーカー・ソーシャルゲームメーカーといった変遷を経て、近年は海外でアニメビジネスを行う会社や配信プラットフォーム企業がたくさんのお金を支払ってくれています。

その交渉は放送される前に終わっていますので、**なんと作品が赤字になるか黒字になるかは放送前に決着していることが多いです**。

そしてアニメが完成してからはこれを流通させていきます。放送や配信、パッケージ（DVDやブルーレイ）販売のように映像そのものを商品にするだけではなく、グッズ販売・イベント開催・ゲーム化・舞台化・遊技機化・その他様々なコラボレーションなど、キャラクターや作品の世界観を使って自分たちでアニメビジネスを行うこともありますし、他の会社に貸し出して使用料（ロイヤリティ）を得ることもあります。このように、アニメという知的財産を活用して収益を得るビジネスを**IP（Intellectual Property）ビジネス**と呼びます。

一般的なアニメ宣伝

ここまでアニメビジネスについて説明をしてきました。ここからはいよいよこの本の中核となる邪神ちゃんの宣伝、すなわち邪神ちゃんマーケティングについて述べていきます。

邪神ちゃんの宣伝のどこが変わっているか、その**差異を知るためには一般的なアニメ宣**

伝がどのようなものであるかを知る必要があります。
そのため、この章の前半では一般的なアニメ宣伝について、後半からは邪神ちゃんのアニメ宣伝について述べていきます。こうすることで両者の差異をご理解頂けるはずです。

アニメ宣伝の立案と意思決定

宣伝の施策を立案する宣伝プロデューサーは委員会に参加している企業の社員から選出されることもあれば、邪神ちゃん1期の時の私のように外部のスタッフが雇われることもあります。宣伝の施策は宣伝プロデューサーが1人で考えることもあれば、チームを組んで複数人で考えることもあります。

そしてその実施の可否を宣伝プロデューサーが決めているのかと言えばそんなことはありません。宣伝プロデューサーは起案者ではあれども決裁者ではないので、全ての施策の実施について委員会にお伺いを立てる必要があります。それでは**アニメ宣伝における決裁者とは一体誰なのでしょうか。**

会社組織であれば起案者は自分の上長に決裁を申請します。そして案件の大きさに応じて、課長だったり、部長だったり、場合によっては役員会などが自分たちが負える責任の範囲で「その施策をやっていいよ」と意思決定します。株主総会であれば起案された内容に対して、株主が議題ごとに投票を行います。議決権の過半数が賛成してくれたら「その施策をやっていいよ」ということになります。

ところが製作委員会は出資企業の共同体なので、組織が会社組織のようなピラミッド型の形にはなっていません。また、株主総会のように出資比率の大きさがそのまま発言力・議決権に結びつくわけではなく、出資比率は低くても原作を持っている出版社の意見は非常に強いですし、逆にどれだけたくさんの出資をしていてもプロジェクトの成功に役立つ機能を持っていない会社の発言権は弱くなります。そして決議に際しては株主総会のような投票が行われることもありませんので**意思決定は自然と合議制となります**。

合議制の強みとしては**参加者全員の納得感・透明性の確保**などが挙げられますが、その反面、**意思決定までに時間がかかったり、責任の所在が不明確になる**などの弱みがあり、宣伝施策の決定については誰もが納得しやすい保守的な施策になりがちで、前例主義や他社成功事例の横展開などが好まれるようになります。

そしてこれは宣伝の仕事を引き受ける側にとっても好都合で、過去に行った施策の焼き直しは発案コストの軽減と失敗するリスクの低減に繋がりますし、圧縮されたコストはそのまま利益率の向上に直結します。もちろん全ての製作委員会がこうではないのですが、**イノベーションが生まれにくい構造**になっているのは間違いないと思います。

アニメ宣伝のスケジュール

アニメはプロジェクトが始動してから放送されるまでおよそ2年から3年の時間がかかります。なぜこんなに時間がかかるのかと言えば、プロデューサーがアニメ化の企画書を作ってから、原作の許諾を得たり、出資者を集めたり、映像を制作するメンバーを集めたりするのに早くても数ヶ月の時間がかかる上、最近は制作スタジオの稼働が逼迫しているためプロジェクトの始動が決まったとしてもすぐに制作を始めることができません。

そしていざ制作を開始してからも、いきなり絵を描き始めることはなく、プロットや脚本といった文字ベースでの作品作りの工程を経て絵コンテが完成し、それを設計図として原画や動画と呼ばれる実際に映像の中で使用される絵が描かれていきます。

昔全てをアナログで作っていた時代とは異なりデジタル化が進んだことで効率が良くなったところはあるにしても、アニメ制作の全ての工程はクリエイター一人一人の血の滲むような地道な作業の積み上げによって成り立っています。そのため、1クール分のアニメを制作するにはどんなに早くても1年の期間がかかりますし、近年のスタジオの稼働の逼迫を考えると今後はもっと長い時間がかかるようになる見込みです。

それと比べると、アニメ宣伝のスケジュールは大きくは変わりません。なぜなら視聴者に2年先の放送情報をお伝えしてもあまり効果が見込めないからです。アニメ化決定という速報だけが先行して数年前に出るというケースはありますが、キービジュアルやプロモーション映像といった具体的なプロダクトを用い積極的にプロモーション展開を行うのは**早ければ作品が放送される1年ほど前、遅くとも半年前から**という印象です。

その後放送が開始されてからは、毎週放送情報を発信していきますし、放送が終了してもイベントや商品など作品に関するビジネス展開が行われる場合は引き続きの情報発信を行っていきます。とはいえ、発信する情報がなくなってしまったら活動はそこでストップしてしまうので、多くの場合は放送終了時点をピークに急激に情報発信が減ってゆき、やがて休眠状態へと移行していくことが多いです。

アニメ宣伝の目的、予算、制作物

現在アニメ1作品のプロジェクト総予算は3億円だとして、そのうち**宣伝予算は**

1500~2000万円程度です。作品によってはテレビで放送をするためにテレビ局に支払うお金をここに計上する場合もありますが、本書ではそれはアニメ宣伝に含まないものとして話を進めていきます。読者の皆さんはこの金額を大きいと感じましたか、小さいと感じましたか？

私は元々アニメ業界の外にいた人間なので、最初にこの金額を聞いた時、**なぜこの金額なのかわからず大きいとも小さいとも判断をすることができませんでした。**

例えば映画やゲームアプリのようにチケット販売やダウンロード販売、アプリ内課金といった直接収益を目指す場合は、売上目標を達成するためにどの媒体にどれだけ広告を出すことで、どの程度の売上が期待できそうだという予想を積み上げていくことができるので、適切な広告予算の金額をある程度決めることができます。たくさん宣伝費を使っても、それ以上に儲かるならどんどんお金を使っていけばよいのです。いえ、むしろ費用対効果が悪くなってくるまでどれだけ宣伝費を使えるかが勝負とすら言えます。

しかしアニメの場合は**アニメ宣伝と売上が直接リンクしていない**ので、そういった計算をすることができません。ではなぜこの金額なのかと言えば、私は**必要最低限と思われる施策を積み上げていくだけでそれくらいかかるから**だと思います。以下に一般的なアニメ宣伝でよく行われる施策とそのために必要な予算をリストアップしてみました。

これ以外にも製作委員会の外からプロデューサーやアシスタントを雇えばそれだけ人件費もかかりますので、実はアニメ宣伝が行う施策にはそれほど多くの選択肢があるわけではありません。中には「いいや、あの作品は渋谷駅前を大々的にジャックしていたはずだ」と考える方もいらっしゃると思いますが、**渋谷駅前ジャックや、山手線車体ラッピングなどは数千万円のお金がかかる**ので、アニメ宣伝の予算で

アニメ宣伝の施策例

項目	予算	タイプ
ティザーサイト、ホームページ制作	～150万円	プル
アニメロゴ、キービジュアル、 ティザービジュアルなどの画像制作	100～200万円	プル
プロモーション映像制作（2種）	100～200万円	プル
番宣映像制作	～100万円	プッシュ
屋外広告	100～200万円	プッシュ
雑誌・ウェブ媒体出稿	50～200万円	プッシュ
上映会イベント、アニメイベントへの出展	200～300万円	プッシュ
配信番組	200～300万円	プル
ポスター制作	～50万円	プッシュ
SNS用素材制作（台本サインプレゼント、 声優インタビューなど）	～100万円	プル
プレスリリース発信	1回3万円	プッシュ
書店施策（ポスター、等身パネル、映像）	～50万円	プッシュ

は実施することができません。
もし皆さんがそういう事例を見かけたら目を凝らしてみてください。きっとそこにはアニメ宣伝のみならず他の目的、例えば映画化・ゲーム化・大手配信プラットフォームやゲームアプリとのコラボなどが含まれているはずです。

予算のとなりに施策のタイプを記載しました。マーケティング施策は大きく分けると不特定多数の消費者に向けてこちらからターゲットに対して情報を発信していく「**プッシュ型**」のものと、消費者が自分で情報を取りに来てくれる「**プル型**」のものに分類することができます。

テレビＣＭや雑誌への出稿などに代表されるプッシュ型の施策は認知拡大に有効ですが、そのたびにテレビ局や雑誌社にお金を支払わねばなりません。一方ホームページ制作などに代表されるプル型の施策はすでに知ってくれている人たちに対する情報提供なので一度準備してしまえばその後はお金がかかりません。

映画の場合は知られなければチケット購入の検討もされないので圧倒的にプッシュ型の宣伝が占めるウェイトが大きくなります（『君たちはどう生きるか』は宣伝をしないという手法を取ってこの常識を覆しましたが）。アニメ宣伝も以前はプッシュ型であるアニメ雑誌への出稿に重きが置かれていましたが、インターネット普及後は視聴者が自分で情報を収集できるようになったのでプル型の施策が重視されるようになりました。

この変化を受けて、アニメ宣伝の予算は**まず必要最低限のプル型情報を整えることに使われ、残った予算がプッシュ型施策のうち効率が良いものに使われている**ように見えます。具体的にはまずプル型施策の代表格であるホームページやプロモーション映像などを作った上で、プッシュ型施策として製作委員会メンバーが持っている深夜アニメのテレビCM枠や、年間を通して契約している屋外広告やサイネージの枠を使わせてもらったりするといった具合です。

かつての私のように、いきなり定価でポツンと屋外広告を購入するのは**このセオリーから外れている**ので失敗してしまったのです。他にはイベントを行って宣伝をするにしても、自前でゼロからイベントを設計するよりも「AnimeJapan」のようなたくさんのアニメファンが集まる場所に出展をした方が効率が良いので、宣伝のタイミングが合えばこうした場も活用されます。

以上のようにアニメ宣伝はそれ単体でお金を稼ぐことを目的としていないため、宣伝に大きな予算をかけることがありません。限られた予算はプル型の情報と費用対効果が高い範囲のプッシュ型の情報発信に使用されます。しかし**いずれの方法もそこまで多くの選択**

肢があるわけではないので、その構造上自然とアニメ宣伝は「テンプレート」のような似たものになっていきます。

邪神ちゃんマーケティング

ここまで一般的なアニメ宣伝について述べてきました。ここからは邪神ちゃんが他のアニメと違う点、すなわち差異について述べていきます。

この本ではその差異がわかりやすくなるよう、多くの作品が採用している一般的なアニメ宣伝の手法を「**テンプレ宣伝**」と呼び、アニメ邪神ちゃんを運営していくためのコアメンバーで構成される邪神ちゃんチームが行った施策の中で、テンプレ宣伝に含まれない弱者ならではの宣伝手法を「**邪神ちゃんマーケティング**」と呼ぶこととします。

テンプレ宣伝と邪神ちゃんマーケティングは対立するものではなく、どちらが上でどちらが下ということもありません。そして、その境界も移り変わります。例えば邪神ちゃんが世に広めたとされる**放送前アニメ映像の切り抜きツイート**は、今では多くの後続作品がこの手法を取るようになったことから、当時は邪神ちゃんマーケティングの代表格でしたが、今ではテンプレ宣伝になっていると言うことができるでしょう。

邪神ちゃん製作委員会と意思決定

邪神ちゃんの製作委員会は他と比べて何が違うのでしょうか。まず一番大きな違いは1期当時の邪神ちゃん製作委員会は大手資本が入っておらず**アニメ製作に不慣れなメンバーばかり**だったということです。

邪神ちゃんチームはテンプレ宣伝のやり方がわからなかったので、ほとんどゼロからベースで施策を検討することになりました。知識がないということは本来弱点ではあるのですが「**前からそうだった**」「**こうやるべき**」**という固定観念に縛られることがないのは強みである**とも言えます。

また、**宣伝プロデューサーである私も製作委員会の意思決定の流儀がよくわかっていなかった**ので、私は先入観にとらわれることがなく、効率良く必要最低限の関係者に確認を取りながら仕事をどんどん進めていきました。

少し厳しめの製作委員会だと、ホームページの文言を差し替えるのにテストページにアップロードした画面のキャプチャ画像を委員会のメーリングリストに送る必要があったり、ツイート文案を2週間前までにエクセルにまとめて照会をかけたりしないといけないのですが、邪神ちゃんに関してはそういったことは一切やりませんでした。

なぜやらなかったのかと言えば、そういう慣習を知らなかったこともありますが、私はそれをやらない方が作品のためになると思ったからです。なぜなら、自分の仕事を製作委員会の全員に事前照会をかければ、間違いがあっても未然に防げますし、みんなで合議したことになるので私は責任を取らなくてよくなります。

しかしその分照会をお願いされた相手は内容を確認する作業が発生してしまうので、それなら**自分が責任を持つからここは任せて！　その分みんなは他の仕事して！**　と宣言した方がチーム全体の生産性は上がるのではないかと考えました。

このやり方を選んだことで私は自分の確認不足で失敗したことが何度もありますが、その時は「これは自分のミスによって失敗しました。ごめんなさい」と心から謝罪をするようにしています。

では、全てをこのように分業するべきかと言えばそんなことはなく、失敗が許されないタイプのものは必ず複数人で確認をした方がよいです。どこまでを引き受け、どこからを合議にするかの判断力が問われます。

そして、自分でやると決めた時、何を判断基準として意思決定を行っていたのかと言えばそれは「**作品が生き残るのに有効かどうか**」だけでした。この考え方はとてもわかりやすい試験薬で、あらゆるものを簡単にジャッジすることができます。

例えば「私は細かな照会に稼働を割くべきか？」という問いには「いや、その分他の施策を考えよう」と判断できますし「普通の施策をやるべきか？」という問いには「いや、差異を生むために普通ではないことをやろう」と判断できますし、「これは自分1人で判断するべきか？」という問いには「これは万が一失敗しても私が謝ればよいはずだ。しかしこちらのものは謝っても済まないからみんなに相談しよう」という具合です。

この考えの原点となっているのは原作者ユキヲ先生と編集者石川さんの「**邪神ちゃんが生き残るためなら何でもやって下さい**」という言葉で、それによって私には任されたからには成果を出そう、そして必ずこの作品が生き残るようにしよう、という気持ちが生まれました。

たぶんこの時に原作の改変をするのはまかりならないので逐一全て照会をかけてくださいと言われていたら、私はたちどころにやる気を失い、無難な仕事をこなしていたと思います。

以上のように我々は「**邪神ちゃんが生き残る**」という共通の目的のために「**正しいやり方を知らない**」という弱みを「**先入観にとらわれない**」という強みに変え、リスクを負って任せたり任されたりしながら合意や確認といったプロセスを大きく圧縮することでリソ

ースを捻出し、失敗を恐れずに他がやらない数々の施策に挑戦してきました。

そしてこの一連の取り組みを面白いと支持してくれるファンの皆さんが続々と集まってくれたおかげで、ますます新たな挑戦ができるようになりました。きっとこの様子を新規事業開発を仕事とする人が見たならば**イノベーションの土壌が整っている**と呼ぶことでしょう。

COLUMN

アニメは原作に忠実であるべきか

石川翼（原作『邪神ちゃんドロップキック』編集担当）

新作アニメ300本の多くは漫画原作です。そして昨今、漫画原作については「原作改変」や「原作クラッシャー」という言葉が表すように、原作準拠が是とされる風潮があります。血を吐く思いで執筆する先生たちのことを考えると、それを尊重してくれる気持ちはいち編集者としてはとてもありがたく思います。

アニメ「邪神ちゃん」は漫画原作アニメとしての完成度はとても高いです。ユキヲ先生の描く漫画は線の強弱がとても繊細なのですが、アニメは線をシンプルにして大胆にデフォルメしているにもかかわらず、その魅力は全く損なわれていません。内容についてもアニメオリジナルの要素、例えば1期終盤で登場した「神保町哀歌」は、邪教徒の熱狂的な支持を集めCD化・MV化していますし、3期富良野編で登場した「メデューサ・ハイ」は原作にはないキャラクターの新たな魅力を引き出しました。その他、好評だったものもそうでなかったものもありますが、先生はアニメ版のすべてを肯定しています。

先生の「邪神ちゃんが生き残るためなら何でもやって下さい」という言葉がすごいのは、原作者が自分以外の誰かを信じて大切な作品を委託しているところです。原作者にとって作品は大切な子供であり、自らの手を離れることは大きなリスクですが、アニメのオリジナル展開・宣伝施策・あるいはファンの皆さんの二次創作全てに対して自分がコミットするには限界があるためそこには葛藤が生まれます。

そのときユキヲ先生は我々や二次創作をする邪教徒の皆さんを信頼して任せます。そしてそれを受けた我々は「邪教徒の誇り」を持ってそれを形にしようとします。この関係性の有無は他の作品にはない大きな差異であり、単なる仕事としての関係性、もしくは販売者と消費者という関係性を超えた幸せな世界の根源になっているように思えます。

邪神ちゃんランチェスター戦略

邪神ちゃんマーケティングは弱者のためのメソッドです。ご存じの方も多いと思いますが、マーケティング理論には**ランチェスター戦略**という有名な考え方があります。これは「**同じ武器を持った者同士が戦うと数が多い方が勝つ**」という当たり前のことを前提として「**狭いところで大人数と少人数が1対1で戦うとどちらも同じ損害を受ける**」「**広いところで大人数と少人数が戦うと少人数の方が大きい損害を受ける**」という2つの法則を導きます。このことから少人数の時はなるべく局地戦で戦うべきだし、大人数の時はなるべく広域で戦うとよいということがわかります。

ランチェスター戦略(一部)

	大人数	少人数	少人数からすると
狭い場所	1人ずつしか倒せない	1人ずつしか倒れない	マシ
広い場所	まとめて倒せる	まとめてやられる	とても不利

私は最初にこの話を聞いた時に「**少人数はどっちみち負けてるじゃん意味わかんない**」と思ったのですが、よく考えてみると少人数でも勝てる場合があることに気がつきました。勝てる場合その1は前提条件である「**同じ武器を持った者同士**」というところを「**少人数の方がいい武器を持っている**」にアップグレードする場合。その2は「少人数の方が多くなれる場所で戦う」場合です。

これをアニメ宣伝に当てはめてみると「広告出稿はたくさん出稿する方が勝つ」ので、あなたが強者なら圧倒的な資本力を背景に、弱者には買うことができないテレビCMや主要駅の屋外広告などをどんどん買っていくことが基本戦略となります。資本力に劣る弱者はどうあがいてもこの戦い方に勝つことはできません。

それでは購買型の広告ではなくソーシャルメディアの場合はどうでしょうか?

アニメの公式アカウントの数は強者は1。弱者も1。まずここでは差がつきません。さらに、お金で買うタイプの広告は弱者はトライアンドエラーを行うことができませんが、無料のソーシャルメディアは無限にトライアンドエラーを繰り返すことができることから、**弱者の方が強者よりも上手に運用できる、すなわち「いい武器になる」可能性があります。**

そしてその結果、フォロワー数で強者を上回ることもありますので、ソーシャルメディアは**少人数の方が多くなれる可能性がある場所**であると考えられます。

メディア研究の大家、マーシャル・マクルーハンは「メディアはメッセージである」と言いました。これはメディアを通じて届けられる情報そのものだけではなく、**メディアをどう使うか自体がメッセージ**なんだよということを表しています。

邪神ちゃんのこの選択は、**ソーシャルメディア・マーケティングを基本戦略とし、それを賑わせるために二次創作やリアルイベントを活用して生き残るのだ、**というメッセージになっています。

Twitter

ソーシャルメディア・マーケティングを行う際に、自分が情報を届けたい相手がどのようなSNSを利用しているのかを想定するのはとても当たり前のことです。世界の利用者数だけで考えれば「WhatsApp」「WeChat」は大きなシェアを占めていますが、アニメ宣伝はもっぱら国内が対象なので選択肢から除外され、「Twitter」「Instagram」「TikTok」が残ります。このうちInstagramはインフルエンサーからフォロワーには情報が届きますが、フォロワーからフォロワーに情報が拡散しにくいので、「Twitter」

「TikTok」について具体的な検討を行うことにしました。

邪神ちゃんはこの両方に取り組んでみた結果、アニメ宣伝は放送情報などをしっかりとテキスト情報で伝える必要があるが、そのためにはTikTokは不向きであるということがわかり、最終的にTwitterに落ち着いています。

実際、直近のアニメ作品を１００件ほど調べたところ、Twitterアカウントを持っていない作品は１つもありませんでしたので、アニメ宣伝についてはTwitterがデファクト・スタンダード（業界標準）になっていると考えられます。

読者の皆さんもなんとなくTwitterをやることを最初に考えるのではなく、**自分にとって本当に必要なメディアが何であるか**を考え抜いて下さい。


という前置きをした上で、ここからはTwitterの運用方法について解説をしていきます。Twitterは２０２３年にサービス名称をXに変更しましたが、本書の事例は多くが旧Twitter時代のものなのでここでは全てTwitterで統一し、リポストはリツイートと表記します。

・Twitter をやる目的を明確にする

企業アカウントを10年以上運用してきた私から、読者の皆さんにTwitterを運営する上で間違いない考え方をいくつかお伝えしていこうと思います。

まず、最も重要なのは**Twitter をやる目的が何であるかを明らかにすること**です。企業が事業を行っていく際に最初に企業戦略を作成するのと同じく、Twitter 運営も将来にわたってどのように成長してどのような目的を達成したいのかを明らかにする必要があります。

アニメ宣伝の場合、目的としては「**フォロワー数獲得**」「**情報発信と拡散**」「**ファンコミュニケーション**」「**情報収集**」「**ブランディング**」などが挙げられますが、中には特に目的を明らかにせず、なんとなくアカウントを開設しているケースもあるかもしれません。

いくつか想定される目的のうち「フォロワー数獲得」は誰の目にも結果が明らかです。私は「まずは懸賞キャンペーンでフォロワーを獲得し、その後の情報発信を行っていこう」と考えたことがありました。

これは邪神ちゃんではない他の作品のアカウントを運営している時に知ったのですが、

ハッシュタグ「#懸賞」を付けて金券をばら撒くとたくさんのフォロワーを獲得することができます。たくさんフォロワーがいると立派な作品に見えるのでブランディングには有効です。しかし、獲得したフォロワー一覧を確認すると全くアニメとは関係のないいわゆる「懸賞アカ」がずらりと並びますので、その人たちに作品情報を発信してもあまり意味がないですし、情報の拡散にも期待ができません。

ファンではないので作品の話でコミュニケーションが盛り上がることもないですし、ファンが何を考えているかを知ることもできません。このことからこの施策がフォロワー数獲得には有効だが、その後の活用を目的とするには適切なステップアップではないことがご理解頂けると思います。

邪神ちゃんの場合は最初に**ファンの皆さんに楽しんでもらうこと**を目的としています。この後詳しい施策の紹介を行うのでここでは割愛しますが、楽しんでもらうために運営をしているので、それを楽しいと思ってくれるフォロワーが集まりますし、フォロワーは楽しい情報を手に入れるとそれを他の人にも伝えたいという気持ちになります。さらに、情報は拡散されますし、活発なコミュニケーションはそれ自体がコンテンツとして楽しめるだけではなく次の一手を考える上での貴重な情報源となりますので、楽しいアカウントというブランディングにも繋がります。

・ターゲットとコンセプトを定める

目的が定まりましたらそれに合致した**ターゲットとコンセプト**を定めます。これは企業で言うところの企業ドメインの設定に当たります。『マーケティング戦略（第6版）』によると、企業ドメインとは「企業の事業の範囲や領界」であり、経営学の言葉で言うならば企業の生存領域、つまり、今日および将来にわたって企業が生存していくための事業領域（事業展開の領域の境界線）ということになるとされています。

「Twitterの運営もこれと同じく、「世界の全ての人に見てほしい」ではなく「ここからここまでの人に見てもらえればＯＫ」という範囲をあらかじめ決めた方が、全ての施策を行う際にその施策が適切かどうかを判断できるようになります。

そして、ドメインの設定にはどのような顧客の、どのようなニーズに対して、どのように対応していくかを決めることが必要であるとされています。

これをTwitter運営に置き換えるならば、目的を達成するために、**ターゲット（どのような顧客のどのようなニーズに対し）とコンセプト（どのようなコンテンツをどのように提供していくか）を決める**ということになります。

アニメ作品の場合は、基本的には作品を好きになってくれる可能性のある人たちを集めていくことになりますので、作品がターゲットとする視聴者層と獲得したいフォロワー層は一致することになります。

アニメ邪神ちゃんのTwitterのターゲットは、**アニメ邪神ちゃんの視聴者でなおかつ映像以外の展開にも興味がある皆さん**です。サブターゲットはアニメ邪神ちゃんの視聴者で今は映像以外の展開には興味がない皆さんと、将来アニメ邪神ちゃんを観てくれる可能性のあるアニメファンの皆さんです。

コンセプトは、**アニメの映像や画像を中心に映像以外での展開に関する情報を、作り手の顔が見える形でフォロワーの皆さんと双方向コミュニケーションを行いながら提供して行くことになります。**

こうすることで、ファンの皆さんに楽しんでもらうというTwitterを行う目的を達成することができるようになります。この目的を達成することでサブ目的である「フォロワー数獲得」「情報発信と拡散」「ファンコミュニケーション」「情報収集」「ブランディング」の全てが実現します。

この考え方の手順を踏まずにファンの方たちがどうしたら喜んでくれるかを考えず、こちらが一方的に伝えたいだけの情報を発信していた場合、いつまで経っても「フォロワー数獲得」「情報発信と拡散」「ファンコミュニケーション」「情報収集」「ブランディング」いずれの目的も達成できないはずです。

時々、Twitterを始めたものの全然フォロワーが増えないのでどうしたらいいか教えてほしいという相談を受けますが、それらのほぼ全てがこの段階でつまずいているものばかりでした。迷ったらまずはターゲットとコンセプトの設定に立ち戻りましょう。ここさえ間違えていなければ試行錯誤を繰り返して成長していけますし、逆にここが間違っていると全ての施策は無駄になってしまいます。

・Twitter運用の基本

目的を達成するためにターゲットとコンセプトが決まりましたので、次はツイートしていく方法について述べていきたいと思います。

ツイートをするためのきっかけとしてキャラクターや声優さんの誕生日、記念日、今日は何の日のような情報はTwitterの特性を生かしてその日、そのタイミングで拡散するのに適した情報になりますので、まずはカレンダーにそれらを書き込んでしまいます。この作品はキャラクターが20人ほどいますので、それらのキャラクターの誕生日、声優さんの誕生日、記念日だけでも相当な数になります。それ以外にも、せっかく過去37話分の本編から切り抜いた大量の場面カットを毎日3回投稿することを欠かさないようにすれば、まずはアプローチしたいファンの方たちにとってフォローする価値のあるアカウントになるかなと思います。

テキストだけのツイートと画像・映像付きツイートでは得られる反響は全く異なりますので、画像や映像があるなら惜しみなく使いましょう。反響は体感では10倍くらい違います。**Twitterの本体はテキストではなく画像・映像です。**邪神ちゃんは毎日3回画像を発信し、合計1000いいねを毎日獲得しています。

次に**Twitterは情報の揮発性が極めて高い**ということを覚えておいてください。これはどういうことかと言いますと、自分が情報を発信した瞬間にたまたまタイムラインを見てくれていた人なんてそんなにいないのです。しっかり伝えたい情報は時間を空けて1度はそのままリツイート、さらに後日自分で引用リツイートしてもフォロワーさんにそこまで迷惑はかかりません。

ここまではたまたま自分がツイートした瞬間にタイムラインを見てくれている人向けの情報発信方法でしたが、より多くの人たちにアプローチするためにはもう少しTwitterの仕組みを理解する必要があります。

2023年のイーロン改革後、Twitterのタイムラインには広告が激増しました。広告を除いた部分には半分は自分のフォロワーのツイートが、もう半分はフォロワー以外のおすすめツイートが表示されるようになっているので、**いかにしてこのおすすめツイート欄に表示されるかを考える**ことがTwitter運用には不可欠となります。そのメカニズムは公開されていませんし、いつルールが変わるかもわからないのですが、他のフォロワーさんとのやりとりが活発に行われているツイートはおすすめ欄に長く表示されているようです。

・運用スタンス

それではは運用スタンスについてはどのような違いがあるのでしょうか。企業体が運営するアカウントの場合、SHARP公式・タニタ公式のように「中の人」と呼ばれる担当者の個性や人格が表に出てくることはまれで、多くの場合は画一的なトーンアンドマナーに基づいて情報発信や情報交換がなされます。

これはアニメの公式アカウントも同様で、基本的には作品の内容、放送情報・配信情報、イベント・グッズ情報などを一方通行で情報発信していくことが多いように思われます。製作委員会の宣伝担当者には決裁権がないので、全ての情報は事前にリストとしてまとめて製作委員会や関係者に照会をかけることになります。

フォロワーからのリプライに対しても宣伝担当者が作品を代表して回答することはできないですし、回答を間違えて炎上した場合に誰も責任を取ることができないので、担当者が個性を出したり、作品とファンがTwitter上で活発に相互コミュニケーションを取ったりということは決して普通ではありません。

私は邪神ちゃんの公式アカウントを運用するに当たりここにチャンスを感じていました。なぜかと言えば私は2012年から5年ほど、NTTドコモでアニメ配信サービス「dアニメストア」の初代アカウント担当として担当者の個性を出すタイプのTwitter運用を行ってきた経験があったからです。

> 今日からdマーケットアニメストアのTwitterが始まりました。アニメ大好きです。皆さん、よろしくお願いいたします！ #docomo

当時発売されていたTwitter・SNS関連の書籍はあらかた読み、基本的なルールはしっかり守った上で、毎日一人称でアニメ作品を紹介し、利用者からのリクエストを受け付け、楽しいキャンペーンをたくさんやってきました。

具体例を挙げるならば、例えば新海誠監督の名作『秒速5センチメートル』を紹介するなら「再生ランキング1位の作品です」と事実を述べるよりも、ファンの方と同じ目線で「心にぽっかりと穴が空いてしまい3日間身動きが取れなくなりました」と伝えた方がずっと伝わりますし、リクエストを受け付けるなら「その作品は自分も好き！」と伝えた方が喜ばれますし、ゴールデンウィークにキャンペーンを行うなら、外に遊びに行くための旅行券をプレゼントするのではなく、**ずっと家にいられるように抽選で20名様に5日間毎日ピザを届けたり**していました。

この運用方法は他のアニメ公式アカウントに対しても差異を生むことができると考えた私は、邪神ちゃん公式アカウントの運用を始めました。

はじめまして！ TVアニメ「邪神ちゃんドロップキック」です！ 放映開始までまだまだ時間がありますが、皆さんと一緒に作品を盛り上げていきたいです。よろしくお願いします！

それから**6年間、合計3・6万ツイート**を行ってきましたが、邪教徒の皆さんとの日々のやりとりはとても楽しい仕事です。

もしこれが一方通行の情報発信でしたら、こんなに長続きはしなかったと思います。**運用担当者が楽しく発信できることは、楽しいアカウント運用に必須の条件**です。

その点で、dアニメストアのアカウントを楽しく運用できたのは当時の上司がおおまかなガイドラインは設定しつつも「自分はアニメのことわからないから柳瀬くんが好きなようにやりな」と任せてくれたことが大きく、あの時「投稿文は全て事前照会」と言われていたら私はつまらないツイートマシーンになっていたと思います。

・Twitter 広告を買ってみた

この後、稼働対コストのお話をすることになりますので、その前提として**Twitter広告の仕組み**についてお話しします。

私は以前月額課金型の配信サービスを運営していた時、継続的にTwitter広告を購入していました。詳細を省いて大枠の概念だけを説明すると、**Twitter広告はオークション制**になっているので、広告主は自分のターゲットに届きそうなキーワードに入札をすることになります。

たくさんの広告主によって宣言されているキーワード、例えば「ゲーム」とか「アプリ」だったりすると入札者が多いので入札額が上がります。また「クレジットカード」とか「保険」のように、広告主が高い入札金額であっても欲しいと思うようなキーワードの場合も入札額が上がります。

一方で「邪神ちゃんドロップキック」のように誰も宣言していないマイナーなキーワードの場合、競合がいないので入札額は安くなります。まずはこういった仕組みになっているということをご理解下さい。

次に広告主の気持ちを説明します。広告主は最初に「その広告でお客さんを獲得したらいくら儲かるだろうか？」ということを考えます。

これがわかると「**1人のお客さんを獲得するのにいくらまでだったらかけていいか**」を決めることができるからです。これを獲得単価もしくは**CPA（Cost Per Acquisition）**と言います。

例えば月額500円のサービスの場合、平均12ヶ月滞在してくれるとすると売上は6,000円なので、必要経費を引いて2,000円くらいの儲けが出るはずだから、獲得単価1,000円ならどんどん広告を買いたいな、という具合です。

その時「邪神ちゃんドロップキック」のように、自分には当てはまるが競合には不要な安いキーワードが見つかるとラッキーなのですが、そういうキーワードはすぐ取り尽くしてしまいます。また、そこまで唯一性が高いキーワードなら普通にSEO対策をしたり検索広告を出した方が効果がありそうなので、他の広告の種類とも比較をしながら**高い費用対効果を維持したまま広告予算を消化し続けるのはとても難しい**です。

そしてウェブ広告では当たり前なのですが、アニメの宣伝は獲得単価が設定できないので適切なTwitter広告は出すことができません。

・Twitter 広告換算額

それではなぜTwitter広告の話をこれだけ丁寧にしたのかと言いますと、それは**Twitter運用をしていく際に、あなたが行うTwitter施策がどの程度の市場価値を持っているかを判断して頂くため**です。

例としてアニメ公式アカウントによるアフレコスタジオで撮影した声優さんのビデオメッセージツイートを挙げてみます。そのツイートをするためには、出演費のお支払いの他、スタジオに対する撮影許可、メイク、スタイリスト、照明、撮影、編集、テロップ打ち込み、その後の関係者確認と修正などが必要で、被写体が誰であっても外注したら一式まとめて20万円くらいはかかる印象です。

発信した結果どのくらいの反響があるかと言えば、内容や作品、声優さんの人気にもよりますが、少なく見積もって２００いいねくらいです。２０００いいねと５００ＲＴ、その他リプライなども含めて合計３０００エンゲージメント（いいね、ＲＴ、リプライなどの合計値のこと）を獲得できたら健闘したと言えると思います。これと同じだけの効果をTwitter広告で買おうとすると、エンゲージメント課金の相場は40円から１００円と言われていますので、仮に安めに１エンゲージメント50円で買ったとすると３０００エンゲージメントは15万円です。

私はかつてTwitter広告を割安かどうかだけで判断していましたから、当時の私であれば「それなら広告の方が割安だし手間もかからないしやらなくていい」と判断していたことでしょう。

自分が行った施策がどの程度の価値がありそうかということは常に意識をしておくことは大切なのですが、そもそも自分は**弱者のくせにお金を支払って広告を買うことを考え方の基準にしていたのが大間違い**であるということを思い知らされる出来事が２０２２年8月に起きます。

・Twitter の真髄

こちらの画像をご覧下さい。これは邪神ちゃん展に用意したファンの方がふせんを貼ることができるメッセージボードです。何気なく貼られた「ジャッジメントですの」という言葉は、邪神ちゃんのしゃべり方「ですの」と、とある著名なアニメ作品に登場する同じしゃべり方をするキャラクターの類似点を指摘したものなのですが、このツイートのインプレッションは408万で、エンゲージメントは23万です。

先の計算に当てはめてみるならばその**Twitter広告換算額はおよそ1200万円。言い換えるならばこれだけの認知を広告で買おうとしたら1200万円かかる**という計算になります。

なんというバズりの大切さ！ 映像制作コストがTwitter広告費と釣り合うかどうかを考えるなんて、私は依然として強者の論理の枠組みにとらわれていたのです。

我々弱者が強者に勝てる可能性があるとするならば、資金力に左右されずアイディアで勝負する以外にあり得ません。

バズりは狙ってもなかなか当たりませんが、狙わねば決して当たりません。そして強者は意思決定に時間がかかるため手数は少なく

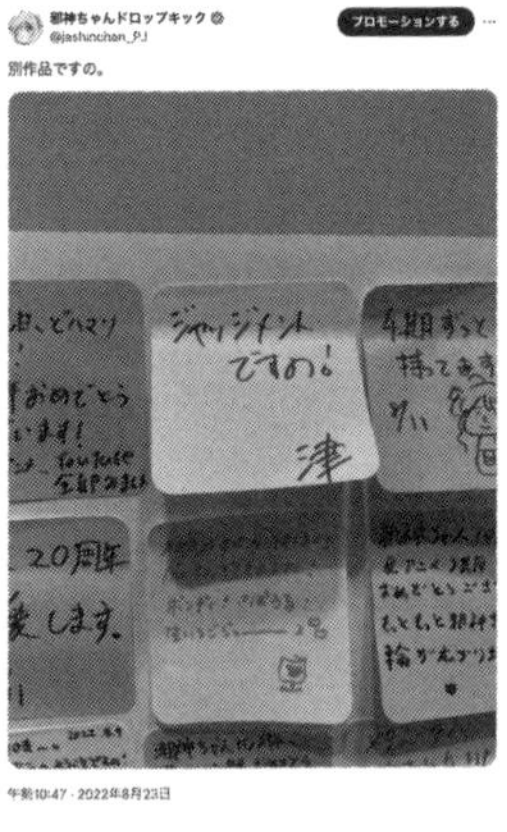

なります。弱者は手数の多さを生かして常にバズりを狙っていきましょう。

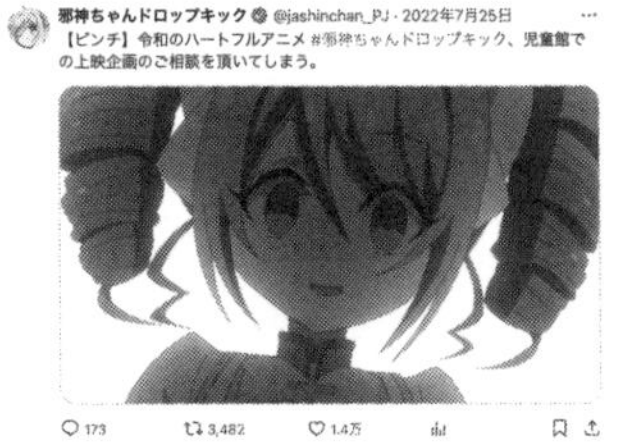

邪神ちゃんバズり事例

・公式がクソゲーと言う

バズりの1事例として「救え！邪神ちゃんドロップキック」というゲームをご紹介します。皆さんご存じの通り、ゲームアプリ市場では激烈な広告競争が行われています。ランキング上位のゲームに関しては駅や電車の中といった交通広告を中心として、スマホの中の暇つぶしサイト、YouTubeの合間などあちこちに広告がはさまれています。あれはスマホを見ている移動中の皆さんをターゲットとして、画面の外と中に広告を用意することで**複数のタッチポイントを用意しておこう**という施策です。

全然興味がなかった対象であっても、繰り返し接触することでいつの間にかその刺激に親近感を抱いてしまう現象を心理学では**単純接触効果**とか、発見した人の名前を取って**ザイオンス効果**と言うのですが、確かに電車の行き帰り画面の外と中で2回ずつ接触すると3日で接触効果上限の10回まであっという間に到達してしまいます。

その観点で私が注目しているのがネット広告によく出てくる**間違ったピンを抜いたりしてひどい目にあう騎士みたいなキャラ**で、私はいまだにあれが何なのかわかりませんが、あまりにも接触しすぎていてもう街中でグッズを見かけたら「お、あれだ！」と思ってしまうこと間違いなしです。

いつか邪神ちゃんも**あれが何なのかわからないけどいつもひどい目にあう下半身ヘビの女の子**と思ってもらえたらいいなあと思っていたところ、２０２２年9月、ハイパーカジュアルゲームで有名な会社さんとお話をする機会があり、邪神ちゃんのゲームアプリを作って頂けることになりました。

その結果生まれたのが「**救え！　邪神ちゃんドロップキック**」というハイパーカジュアルゲームで、いろんな危機に瀕している邪神ちゃんの周りに線を引いてあげることで危機から救ってあげるというゲームです。危機から救ってあげることができないと邪神ちゃんは「グッ」という音を出して死にます。

私は監修を行う時に「**これはとんでもないクソゲーが出てきた**」と思いました。きっと周りのメンバーもそう思っていましたし、作っている本人もそう思っていたと思います。

しかし**アニメ公式がオフィシャルゲームをクソゲー呼ばわりするわけにはいきませんので…私はあえてこれをクソゲーと呼ぶことにしました。**

なぜなら普通の強者は決してそんなことを言わないのでそこには差異が生じるからです。

その結果、このゲームは「**邪神ちゃんのクソゲー**」として大いにバズり、先に挙げたアプリゲームというレッドオーシャン（競合が多すぎて死ぬ市場）で、1円も広告費を使わずに『LINE：ディズニー ツムツム』を抜いて初登場App Store/Google Playパズルランキング1位になり、その後Nintendo Switchに移植されるまでになりました。

私はこのゲームを決してバカになどしていません。その証拠に、このゲームではゲームクリア時に邪神ちゃんは両手の人差し指を立てた状態で「Y」の字のポーズを決めるのですが、私はとても印象的なこのポーズを「**クソポーズ**」と名付け、邪神ちゃんフェスのキービジュアルに使用したり、19キャラ分の等身パネルを作成したり、クソポーズグッズを作ったりして、このゲームを作ってくれたクリエイターの方に感謝を伝えています。

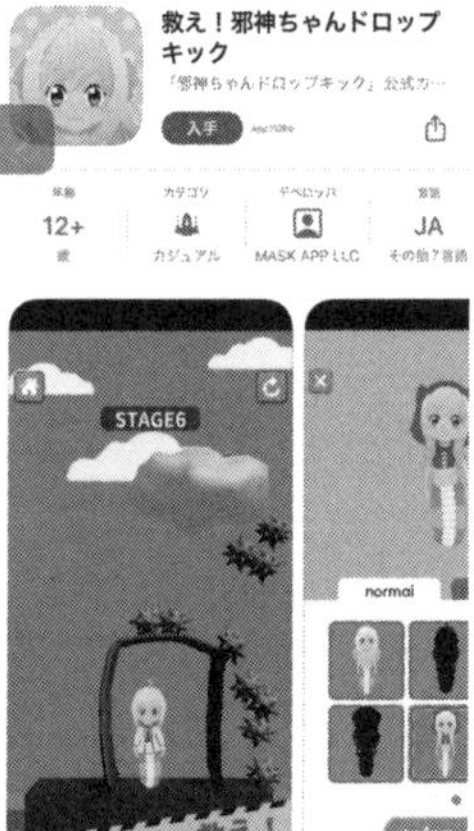

・これからTwitterに挑戦する人へ

こうしてアニメ「邪神ちゃん」の公式アカウントの**フォロワー数は10万人**を超えました。アニメ公式アカウントのフォロワー数をランキングでまとめているサイトによると、これは**数千、もしくは1万以上あるかもしれないアニメ公式アカウントの中で上位200位**に入るようです。

また、一般的に月間インプレッション数（表示回数）はフォロワーの2倍が目安、つまり邪神ちゃんであれば20万インプレッションが妥当と言われる中、3期放送を行う頃から**月間インプレッション数は1000万回から3000万回を維持**するようになり、アニメ作品のTwitter宣伝という局地戦においてはまるでメジャー作品のような成果を挙げることができました。

とはいえ、私はこの結果から「読者の皆さんもTwitterは意志を持って運用した方がよい」と断言をすることはできません。なぜなら、担当者が個性を出していくタイプの運用はどうしても安定性に欠け、必ず炎上リスクを伴うからです。実際に私も何度も失敗をしていますし、個性を出して失敗すると**ダイレクトに自分の人格が否定されるような思い**

をするので失敗をする覚悟がない人は決してやらない方がよいです。

とはいえ、失敗したとしてもあなたの人生の中にTwitterで失敗をした（だから次回は失敗しない）という知見は残りますので、もしあなたが現在強者ではなく、弱者でも勝てる可能性があるソーシャルメディア・マーケティングで強みを発揮する人材になりたいと願うならば恐れずに最初の一歩を踏み出してみて下さい。

YouTube

Twitterの次はYouTubeの活用方法について述べていきます。

まず、**Twitterと異なりアニメ作品のほとんどは作品単位のYouTubeチャンネルを運用していません。**なぜなら0から登録者を積み上げていくことはとても大変なことですし、チャンネル登録者数が少ないと人気のない作品に見えてしまいますし、どのみちそのチャンネルは放送が終わったらいらないものになってしまうからです。

では普段皆さんが目にしているアニメのプロモーション映像はどこで配信されているのかと言えば、多くの場合製作委員会メンバーが運営している企業チャンネルで配信されています。そういうチャンネルには過去のアニメ作品のファンが集まっていますので、チャンネル登録者に新着アラーム付きで告知できるのは、独自に登録者0人の作品チャンネルで配信するよりもずっと認知効果が高いでしょう。

それなら邪神ちゃんもそうするべきでは？　と考える読者の方もいるでしょう。

それは本当にその通りなのですが、先述の通り邪神ちゃんの製作委員会はアニメ製作に不慣れなメンバーばかりでしたので、**誰も使えるYouTubeチャンネルを持っていなかった**のです。仕方がないので私はチャンネル登録者数０人の「邪神ちゃんねる」を立ち上げましたが、その時はよもやそのチャンネルが5年後に登録者22万人、再生数1億回超の銀盾チャンネル（登録者数が10万人を超えるとYouTubeから銀の盾をもらえる）になるとは夢にも思っていませんでした。

ここからはそんなふうに手探りで始めたYouTubeチャンネルが、どのように成長していったのか時系列を追って説明していきます。

・15秒でわかる邪神ちゃんドロップキック

まだアニメの本編映像が存在しなかった２０１８年。一番最初に行った施策はショート動画「15秒でわかる邪神ちゃんドロップキック」シリーズ施策です。これは「マンガ動画」や「モーションコミック」と呼ばれるフォーマットで、原作の中から特にわかりやすく面白いシーンを抜粋して短尺の映像にし、忙しい現代人の皆さんにも作品の魅力を伝えていこうという企画でした。

　これから数年後にTikTokやYouTubeショートが登場するので、それに先駆けて開始したこの施策は方向性は間違っていなかったと思いますが、チャンネル登録者数が少ない状態だとほとんど反響が得られないので、割と手間暇をかけて作った映像なのに数百回くらいしか再生されなくて悲しい思いをしました。

　どちらかと言うとこれはTwitterの方でうまく機能した施策で、Twitterではこの映像を紹介するツイートが50RTされるごとに次の映像がすぐに登場するというチャレンジ企画を行ったところ、あっという間に映像の在庫が尽きてしまいました。

・放送前20日連続切り抜き

フレーミング効果という心理学で使う言葉をご存じですか？　フレーミング効果とは、

同じ事実であっても言い方一つで印象が変わって意思決定に影響が出るという心理現象です。例えばコップの中にジュースが半分くらい入っているとして、「まだ半分もある」と言うのか「もう半分しかない」と言うのかによって対象の価値はずいぶん変わるように思えますので、言い方次第で受け取り方も変わってしまいますね。

私はこの頃から不思議に思っていたことがあります。それはアニメファンの皆さんは**テレビ放送前の映像はとても価値が高いものとしてありがたく視聴してくれるのですが、テレビ放送後は作品側がお金を払ってプロモーションしてもなかなか観てくれない**のです。それは同じ映像なのに「まだ放送されていない」のと「もう放送された」ではだいぶ印象が異なるということです。

たぶん最初にこれに気がついたのは私ではなく、**ゆくゆくはテレビで放送するアニメを先に劇場で公開してマネタイズしたり、会場でパッケージ販売したりするやり方を考えた先輩たち**も同じことを見つけていたに違いありません。

そこで私は2019年の2期公開に際しては、初回放送の20日前から毎日まだ世に出ていない映像をどんどん切り抜いていきました。ここで手応えを得た経験が3期の「違法より早い切り抜き」へと繋がっていきます。

・【作業用】邪神ちゃんOP「あの娘にドロップキック」15分

私は仕事中、だいたいYouTubeで作業用BGMと呼ばれる「ノンストップで聴けるアニソンサビメドレー」とか「ゲームミュージック私的厳選メドレー」などを流しっぱなしにしています。映像を視聴することが目的ではなく、バックグラウンドに音楽をかけておくことで作業を捗らせることが目的です。

邪神ちゃんは2018年7月にアニメ1期が放送され、オープニング映像にオープニングテーマ「あの娘にドロップキック」という曲が使われているのですが、これが大変いい曲なのです！

これを仕事中に流しておきたいと考えた私は90秒の映像を単に10回繰り返して繋ぎ合わせた15分の映像を制作し、それを「**【作業用】邪神ちゃんOP「あの娘にドロップキック」15分**」と名付けて邪神ちゃんねるで公開しました。

私が自分で使いたいだけだったこの映像に対する反響はとても大きく「**ついに耐久BGMを公式が出す時代になったか**」「**公式が作業用出すとか最高**」「**公式が作業用出してて草**」などのコメントと共に40万回も視聴されることになりました。

他の作品も90秒のオープニング映像をYouTubeで公開することはテンプレ宣伝として

行っていますが、同じ90秒の映像を10回ループ再生するだけでこんなにも差異を生むことができるのです。同じ素材も見せ方次第という企画の大切さを学べる事例となっています。

・早すぎたVTuber活動、邪神ちゃんねるV

次に行ったのが同じく2018年VTuber番組「邪神ちゃんねるV」で、これは3Dモデルの邪神ちゃんと花園ゆりねの中に声優の鈴木愛奈（邪神ちゃん役）さん、大森日雅（花園ゆりね役）さんを入れ様々なバラエティ企画に挑戦するというものです。2018年というとキズナアイが初めてライブイベントを行い、にじさんじ・ホロライブが事務所を設立した年なので、VTuber黎明期どころかVTuber夜明け前だったと思います。

そんな時期になぜかアニメ作品が本家の声優を使ってVTuber番組をやるというのはこれもまただいぶ時代を先取りした企画でしたし、その後もこれに類する企画はほとんど目にしていません。

今でこそカメラ付きのパソコン1台でVTuber番組を作れる世の中になりましたが、当時はアクターさんに白いアンテナがたくさん付いている真っ黒い全身タイツを着用してもらい、大きなスタジオとたくさんの機材を使って映像を収録するしかありませんでした。この頃からチャンネル登録者数が伸びていくことになります。

・面白シーン切り抜き

ギャグアニメ「邪神ちゃんドロップキック」には、たった10秒で完結する、まるで4コママンガのようにスナッキーなシーンがたくさん含まれています。これは本編24分を全部観なくても楽しめるので「15秒でわかる」シリーズのコンセプトを引き継いで配信されました。

この施策がブレイクしたきっかけとなる映像は「それぽぽろんです」という映像です。これは邪神ちゃんたちキャラクター4人が雀卓を囲んで麻雀をしているシーンから始まります。「麻雀初めてなんですけど…」と不安そうにつぶやく天使ぺこらを「手加減するから」と安心させるぽぽろん。しかし

これを受けてぺこらが白い牌を切るとぽぽろんは容赦なく「ぽっぽロン」と大三元を決めてゲームが終わります。何が起きたのか理解できず呆然とするぺこらの様子を見た人は思わず笑ってしまったことでしょう。

この切り抜きは**面白い一発ネタとしてYouTubeで広がり、100万回以上視聴されました。**この頃から私は邪神ちゃんと切り抜きの相性の良さを確信するようになり、それが3期のより大規模な切り抜き施策へと繋がっていきます。

・コロナ禍突入、オンラインライブ企画へ

2期から3期の間、世界はコロナによって激変してしまいました。それまでリアルイベントに注力していた邪神ちゃんもプロモーション施策を大きく変更せざるを得ず、全ての施策がオンラインへとシフトしていきました。

ここで挑戦したのはオンラインのトーク番組やライブイベントはもちろんのこと「オンラインお渡し会」「オンライン焼肉」「オンラインコスプレ撮影」などの施策で、最終的には2021年5月の「メニュサバ」に行き着きます。

このイベントはコロナ禍で大きくシェアを伸ばしたデリバリー大手のmenuさんとのコラボ企画で、期間中、menuを利用し2,000円（税込）以上のお食事をデリバリー

注文するオンラインサバト「全員集合！メニューサバトオンライン（メニュサバ）」への参加チケットと「フォリポですのメニュサバＢＤ」をプレゼントするというものでした。

この時制作したステージはステージの背景と、両側の壁と、足元の床が全てＬＥＤディスプレイになっているスタジオを使った超高品質なもので、これを視聴した人は皆「まるでミュージックビデオのようだ！」と感じました。

私も「これはミュージックビデオでいいんでないか？」と思ってしまい、ここで得た知見はその後、ライブ企画からは切り離されて「神保町哀歌」ミュージックビデオ制作に受け継がれていくことになります。

・まめアニメ

等身を小さくしたキャラクターを用いたアニメ制作が盛んです。特にこの種類のアニメを定義した言葉はありませんので、ここでは仮に「ミニアニメ」と呼ぶとします。

ミニアニメは通常のテレビアニメと比べて安価に制作できるのが魅力で、次回予告映像やSNSでの告知映像として使われたり、場合によってはそれだけで1本のテレビアニメが作られることもあります。

邪神ちゃんの場合は、等身が小さくてかわいいファンアートを描くイラストレーターのまめこさんに依頼をして、登場するキャラクター全員分の誕生日映像や、コラボ先である北海道の魅力を伝える映像を制作するのに役立てていきました。

・違法より早い切り抜きの誕生

こうした5年間にわたる試行錯誤から、邪神ちゃんがいかにショート動画・本編の切り抜きの有効性を認識し、それを大切に考えてきたかをご理解頂けると思います。

待望の3期がスタートし、今シーズンはゲストキャラとして初音ミクが登場するということもあって注目度が高まる中、いよいよこれからたくさん切り抜きをしていこうと考えていた矢先に見つけてしまったのが、海外の違法アップローダーによる初音ミク登場シーンの切り抜きでした。

世界3大夕日は、
釧路、インドネシアのバリ島、
フィリピンのマニラだよ！
（※諸説あります）

２０２２年7月8日に投稿されたこの違法アップロード動画。２日前の６日に放送した第１話を切り抜いたものなのですが、わずか数日で**５５０万回も再生**されていたのです。

ガッラームマッサーラ！（１期６話で邪神ちゃんが激怒した時に発したセリフ）

本来自分がやろうとしていたことを違法アップローダーに先にやられてしまい大変悔しい思いをした私は、ただちに同じ映像を公式からも発信しました。**違法アップローダーが考えた英語字幕や工夫を凝らして考えたハッシュタグ類をそのまま丸パクリして。**

しかしながら、こちらが本家本元のライセンスホルダーだからといってYouTubeはそれを認識しませんし、先に出た映像がたくさん視聴されていた場合YouTubeのアルゴリズムは「これは人気の映像であるに違いない」としてどんどんそれを広めていくのです。

このことから私は違法アップローダーよりも早く映像をアップすることが大切であるということを学び、**#違法より早い**というハッシュタグを付けて本編がテレビで放送されるより前に、違法アップローダーが切り抜きたくなるシーンを次々とアップロードするようになりました。

放送自体は3ヶ月しかないのに2ヶ月先の話から切り抜きを行うなど、決して違法アップローダーにはできないやり方で違法アップローダーと戦う様子はネットニュースでも大きくピックアップされ、視聴数とチャンネル登録者数は激増。

2022年7月のYouTubeチャンネルランキングにて、**なぜか強豪ひしめくVTuberジャンルで壱百満天原サロメさんを超えて視聴数世界一**を獲得することになりました。

邪神ちゃんドロップキック
@jashinchan_PJ
プロモーションする
【御礼】違法より早いのおかげで、チャンネルの視聴数が10,167%増えました！今夜もアップするのでチャンネル登録よろしくお願いいたします！
youtube.com/channel/UChu8Y...
#邪神ちゃんドロップキック #jcdk
Studio
概要
コンテンツ
視聴者
収益
成果が現れました。多くの動画を公開したことで、チャンネルの視聴回数が通常より10,167% 増加しました。
視聴回数
1203.7万
通常より 1190.8万 増加
9.4万
午後7:29 · 2022年7月19日

・100本同時にアップロードしてはいけない

こうしてYouTubeを使った施策がうまくいっている邪神ちゃんチームは少し調子に乗るようになりました。多くのアニメ作品が1話24分をYouTubeで無料配信しています。

この理由は明確で、1話を観たことがない人は2話以降を見るはずがありませんから、まずは試食品のように1話を召し上がってもらおうというわけです。邪神ちゃんチームも同様に1話を無料配信しようと思ったのですが、当時邪神ちゃんは短尺切り抜き動画がとても好調だったのです。毎日YouTubeの管理画面を見て、チャンネルの総視聴回数がグイグイと伸びていく様子に興奮していた私は考えました。

24分の動画が1回視聴されたら視聴数は1。15秒の動画が1回視聴されても1。それなら24分の動画を15秒で100分割して配信したら総視聴数は100倍になるのではないだろうか？

そう考えた私は3期1話を100分割し、全ての映像の冒頭に公式だけが持っている原画の画像を入れて、原画を楽しんだ後にそのままシーンが再生されるスタイルの映像を100本作成しました。それら全てをYouTubeにアップロードしたところ、管理画面には

1日のアップロード上限に達しました

というアラートが出ましたので、YouTubeは1日100本アップロードするのが上限値なんだということを知ることもできました。

アップロードを連続して再生したら1本の映像になるようにしたかったので、最初に「リスト」と呼ばれる映像が連続で再生されるグループのようなものを作り、まずはそれを非公開にします。そして細切れの映像を順番にリストに登録します。これでリストを非公開から公開に変更すれば100本の動画を同時にYouTubeに公開することができるはずです。

しかし当時の私は知らなかったのです。公開ボタンを押した瞬間、**10万人のチャンネル登録者のスマホに100本分の新着通知が届き続けるという大惨事が発生するということを。**

この事件は後に「**邪神ちゃんによる新着汚染**」「**電池残量強盗**」「**アラートテロ**」などと呼ばれ、チャンネル登録者は1000人減るという大失敗になったばかりではなく、100本の切り抜きがずらりとならぶアニメ公式「邪神ちゃんねる」は、すっかりどこかで見たことがある違法サイト

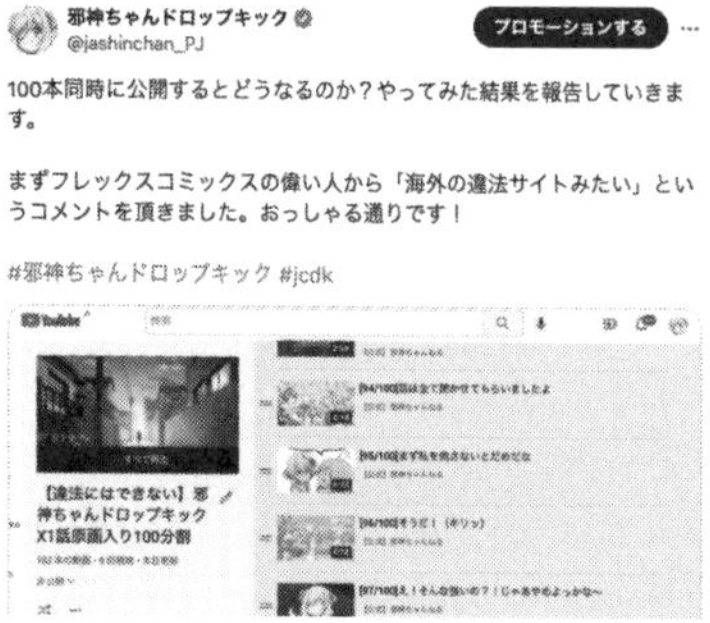

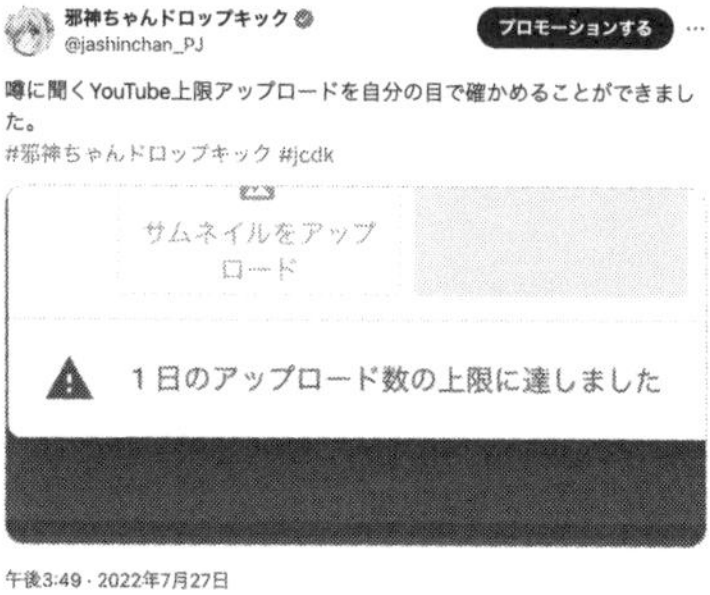

のような見た目になってしまったのでした。
結論、100本は同時にアップロードしない方がいいということがわかりました。

・違法アップローダーを味方にしよう

日本のアニメは海外でも人気なので、世界中からYouTubeへ違法アップロードされてしまいます。多くの製作委員会は外部のパトロール会社に依頼して、見つけ次第削除申請をするということを繰り返していますが、叩いても叩いても際限なく登場する敵との終わりのない戦いに、稼働とコストの両面でダメージを受けています。邪神ちゃんチームでも毎月パトロールさんから送られてくるレポートを見ながら辟易していました。
そんなある時、私は大手お寿司チェーンの社長さんが海賊を傘下に収めて撲滅したという話を聞きました。それ自体が本当なのかどうかはわからないのですが、私はそこから着想を得て

違法アップローダーを撲滅するのではなく、味方にしてしまえばよいのでは？

と考えるようになりました。

皆さんはYouTubeを観ていて、明らかに公式ではないチャンネルで正規のミュージックビデオがブロックもされず配信されているのを見かけたことがありませんか？　その場合、きっと映像の概要欄には権利者情報のようなものが記載されていたことでしょう。私は前職のKADOKAWAでYouTubeチャンネルの運営をしていた経験から、YouTubeがKADOKAWAのような大手コンテンツプロバイダーにだけ提供する違法アップロード検知機能「Content ID」の存在を知っていました。

この仕組みを使うとライセンスホルダーが持っているコンテンツを違法アップローダーがアップロードした時に検知して「ブロックする」か「宣伝を差し込んで収益をひっぺがす」かを選択できるようになるのです。

皆さんが観たことがある本家以外で再生されているミュージックビデオは、この仕組みを使っており視聴に際して発生した広告費は無事にライセンスホルダーの手に渡っている可能性が高いです。そんなに便利な仕組みがあるなら全部のアニメ作品がそれをやればいいのでは？　と考える方もいるでしょう。しかし私はアニメ作品でこの仕組みを使って収益化を行っているケースを見たことがありません。なぜなら、わずかな広告収益を得たとしてもその金額は有料配信サービスで視聴された場合と比べてあまりにも単価が低いため、**普通の製作委員会は、そんなことを認めたら有料配信サービスでの収益が減ってしまうと判断する**からです。

しかし、あまり配信をやったことがない邪神ちゃんの製作委員会はそのような固定観念に縛られることがありませんし、強者がそれをやらないということがわかっているなら弱者である自分たちが誰よりも先にそれをやることで差異を生めると考えました。

　課題は弱小である邪神ちゃんがContent IDを使用するための審査基準を満たしていないということです。せっかくのチャンスなのに自分たちが強者でないから強力な武器を使えない…と悩んでいた時、渡りに船とばかりに現れたのがKADOKAWAのYouTubeチームの皆さんでした。彼らは「CSP（クリエイターサポートプログラム）」というサービスの中でContent IDを用いたクリエイターと映像の権利者、双方を対象にしたサービスを提供していました。その双方を対象にすることで、アップロードされる動画に適切な権利処理を施すことができるという考えです。

　邪神ちゃんチームは、これを利用させてもらうことにしました。まず、邪神ちゃんチームはこのプログラムに映像を提供します。次に邪神ちゃんの映像をアップロードしたいという人は、このプログラムに参加します。最後にKADOKAWAはContent IDの仕組みを使ってYouTube上の邪神ちゃんの映像をチェックします。この時映像をアップロードしている人がプログラムに参加している人でしたら「合法」とみなして発生した広告収益を分配しますし、プログラムに参加していない人でしたら「違法」とみなして発生した収益の全てを召し上げてしまうのです。

なんて強い仕組み！　担当の方は「公式以外で再生された映像に発生した収益は全部邪神ちゃんのものにしますか？　それとも一部をアップローダーに還元しますか？」という問いかけをしてくれましたが、邪神ちゃんは邪神なので、有名ＲＰＧの魔王のように「もしわたしのみかたになれば しゅうえきのはんぶんを おまえにやろう」と回答しました。

こうして２０２２年10月に、邪神ちゃんドロップキックは「違法アップロードの合法化」を宣言。アニメ3期の映像をYouTubeにアップロードしてよいこと、ＣＳＰに参加することで収益の半分が得られることを呼びかけました。

ネットニュースには「アニメ邪神ちゃん、違法アップロードを〝味方〟にし広告費回収『狂っている』『頭おかしい』と話題」という見出しが躍り、作品の認知度を高めるための大きな話題となりました。

これを受けたくさんの邪神ちゃん映像が公式チャンネル以外にアップロードされることになりましたが、予想通り有料配信サービスの再生数が落ち込むことは全くありませんでした。

それから約1年半の時間が経った今、肝心の施策の成果についてもお話ししましょう。

通常アニメのプロモーション映像はだいたい数万回しか観てもらえません。**10万回を超**

えるとよく回ったなと感じますし、それを目指して動画広告を買うことすらあります。

それに対して**邪神ちゃんがこの施策によって得た視聴回数はおよそ7000万回です。**相応の広告収益も稼ぐことができただけではなく、パトロールと削除にかかるコストと稼働からも解放されたのでした。

あれだけ頭を痛めていた違法アップロードが考え方を変えるだけで作品を広げる武器になる。これが弱者の戦い方であり邪神ちゃんマーケティングです。

COLUMN

邪神ちゃん×CSP、わずか3日で決まった「悪魔合体」

丹羽一臣（株式会社KADOKAWA クリエイターサポートプログラム担当）

KADOKAWAでは、2022年3月よりコンテンツの二次利用の管理・収益分配ができるサービス「CSP（クリエイターサポートプログラム）」を展開しています。サービス開始から約半年後の8月2日（火）、本サービスを活用し、自社アニメ（「世界の終わりに柴犬と」）で初めて、かつ、商業アニメでは異例の本編映像の二次利用を明確に許諾するガイドラインを公開しました。

アニメ業界では長らく「二次創作」の位置づけには様々な議論や意見があり、グループ内にUGC（ユーザーが作ったコンテンツ）サービスの象徴たる「ニコニコ」を抱える私どもであっても、多様な考え方があることに変わりはありません。私たちがUGCに向き合う一つの答えとして導き出したのが、前述のガイドライン公開と、テクノロジーを用いた二次利用の効率的な管理の仕組みだったのですが、実はその1ヶ月前の7月、邪神ちゃんにおいては「セルフ切り抜き」という自ら公開前の本編映像を短く切り抜いて投稿するという、私たちとは全く違う驚きの手法（力技？）を採っていました。

ＣＳＰとアプローチの方法は違えど、同じ「いかにＵＧＣと向き合うか」ということへの一つの答えだったと思うのですが、ＣＳＰでは、ファンの皆さんのご協力のもと、たくさんの二次利用作品の管理・収益のコントロールができることや、自社だけではなく他社の映像作品でも活用できるようシステム設計をしていたため、もしかしたら邪神ちゃんが本当にやりたかったであろうことを実現するお手伝いができるのではないか、と興味深く見ていました。

初めてのガイドライン公開を終えた翌日8月3日（水）、早速邪神ちゃんの宣伝Ｐ・柳瀬さんにご連絡をしたところ、ＣＳＰのことを知ってくれており、さらに、すでに邪神ちゃん製作委員会各社の皆さんへ、「ＣＳＰのやり方を邪神ちゃんが一番にやりたかった！」という趣旨を共有してくれていました。そのため話は一気に進み、週内8月5日（金）におこなった初めての打ち合わせで、すぐにＣＳＰの前向きな導入が決定。この間、わずか3日という速さだったのです。

その後、第3期の地上波放送が落ち着いた9月末、これまでは別々の方法でＵＧＣに向き合ってきた「邪神ちゃん」と「ＣＳＰ」の「悪魔合体」を発表。アニメファンの皆さんだけでなく、アニメ業界でも大きな話題になったのは皆さんご存じの通りです。

もちろんKADOKAWA社内でもこの取り組みは、インターネット時代のＵＧＣとともにある作品づくりにおいて大きな一歩となり、担当してくれたスタッフは社内で表彰されるほどの実績となりました。

これにとどまらず、邪神ちゃんチームとＣＳＰは「VOICEPEAKコンテスト」（２０２３年3月）、地上波放送直後から映像を使った同時視聴ライブ配信を解禁（同12月）といった先進的な取り組みへと発展していくのですが…それはまた別の話。

ただ、いずれの取り組みにおいても、柳瀬Ｐの根底にある「他の作品がまだやっていないことを誰よりも早くやる」という考え方には、いつも勇気をもらっており、今後もご一緒してずっと楽しいことができればと思っています。

・製作委員会のミーティングを配信する

アニメの製作委員会ミーティングにはたくさんの人が参加します。私が今まで経験したことがあるもので最大のものはなんと35人参加でした。コロナ以降はこれがオンラインミーティングで行われるのですが、なぜか画面をオフにしている人がとても多いです。会社組織と違ってコミュニケーション円滑化のために顔出ししよう、という号令がかからないからなのかもしれません。

さて、アニメ宣伝ミーティングはもっぱら宣伝プロデューサーが進行を務めますので、私はzoomに表示されたたくさんの黒い長方形を相手に1人でしゃべり続けていくことになります。

参加者の皆さんには言いませんが、私はいつも**碇ゲンドウはきっとこんな気持ちだったんだろうなあ**と思いなが

ら、まるで配信番組のような一方通行のミーティングを進めています。

ある時私は、**こんなに配信番組みたいなミーティングなら、いっそ配信番組にしてしまえばいいのでは？** と考えるようになり、クラウドファンディングに参加してくれたファンの皆さんをオンラインミーティングに招待することにしました。

こうして行われた2023年1月の製作委員会ミーティングは数百人が参加するおそらく史上最大のアニメ宣伝委員会ミーティングでしたが、お客さんに見られているということもあって委員会メンバーもちゃんと顔出ししますし、資料もちゃんと作ってきますしいいことづくめでした。

・VTuberを仲間にする

最後に邪神ちゃんのYouTubeへの取り組みを大きく変えた企画についてご紹介します。

声優を育成するアミューズメントメディア総合学院は、**声優業界を志望する人の数は30万人以上で、現在声優の仕事のみで生計を立てている人は業界内で300人ほど**という衝撃的な数値を明らかにしており、声優になりたいというニーズが極めて高いことがわかります。声優を志望する人が本当に30万人もいるのかはわかりませんが、様々な作品に携わってみて、実際役者さんはそれくらいの人数で回ってるよなあという印象です。

声優にも様々な種類がありますが、もしあなたがテレビアニメに声優として出演したいと思ったならば、どこかの声優事務所にお世話になる以外にほとんどチャンスはありません。なぜなら、多くの作品は声優を選ぶ際にオーディションを行いますが、そのオーディション開催の連絡は声優事務所にしか行かないからです。

アニメ3期の製作が決まった後の2021年4月。3期に登場するエキュートというヴァンパイア族の姫が新キャラとして登場することになりました。邪神ちゃんチーム内ではエキュートの声優をどうやって選んでいこうかということが話題になったのですが、私は迷わずエキュートのキャスティングを一般公募したいと提案しました。

理由はいくつかあるのですが、中でも大きかったのは**邪神ちゃんという作品を長生きさせるために新たな血が欲しい**（ヴァンパイアだけに）という理由です。

経営学には、多様な背景や考え方、価値観を持った人材を集めることで激しく移り変わる変化や新たな課題に素早く対応していく「**ダイバーシティ経営**」という考え方があり、3期を迎えるに当たって邪神ちゃんチームもこの考え方を取り入れようと思いました。

どのような人材が現れるかはわかりませんが、例えば外国語が堪能なメンバーが入ればきっとそれを生かした海外向け施策を行いますし、ダンスが得意なメンバーが入れば外部のダンスイベントへ参戦しますし、ゲームが得意なメンバーが入ればeスポーツに参戦していくでしょう。
果たしてどんなメンバーが邪神ちゃんチームに入ってくるのでしょうか？　こうして2021年5月、エキュートオーディションが告知されました。告知された内容は次の通りです。

【概要】
2022年に放送予定のテレビアニメ「邪神ちゃんドロップキックX（3期）」に登場する新キャラクター「エキュート」役の声優を募集します。

【選考スケジュール】
1次審査：2021年6月30日（応募締切）
2次審査：2021年7月31日（応募締切）
3次審査：2021年8月21～22日実施予定
最終ノミネート10名の発表：2021年8月28日
4次審査（エキュートオーディションファイナルイベント）：2021年10月2日
※スケジュールは変更となる場合があります

【最終審査でのキャスト決定方法】

3次審査通過者は10名を予定しています。最終ノミネートに残った10名の方には、4次審査（エキュートオーディションファイナルイベント）に登壇して頂き、演技・歌唱などを披露して頂きます。その後邪教徒の皆さまによる投票を行い、最終的に1名を選抜します（惜しくも落選してしまった9名の方にもモブ役として邪神ちゃんドロップキックXにご出演頂きます！）。

【関連企画】

・オーディションの様子は取材が行われ、ＢＳフジにてドキュメンタリー番組が放送されます。

・オーディションの様子は取材が行われ「声優グランプリ」で記事化されると共にエキュート役に選ばれた方は２０２２年版「声優名鑑」に掲載されます。

・エキュート役に選ばれた方には、アトレ役長谷川玲奈さんと共に10月から開催予定の「邪神ちゃんカフェ　ハロウィンですの（仮）」関連イベントにご出演頂きます。

【応募方法】

合否に関わらず応募者全員に参加賞としてユキヲ先生描き下ろしの「エキュートオーディション缶バッジ（非売品）」をプレゼントします。

プロアマ不問。性別も年齢も不問。天使も悪魔も人間もどなたでも応募可能ですので、まずはチャレンジしてみて下さい！

このコンテストの最大のポイントは「**プロアマ不問。性別も年齢も不問。天使も悪魔も人間もどなたでも応募可能**」という一文です。

私はこのオーディションを開始するに当たって、声優専門誌「声優グランプリ」と、代々木アニメーション学院、そして声優を目指す人たちが必ず行き着くであろうオーディション情報サイト3つの協力を取り付けました。関係者にヒアリングを行ったところ、テレビアニメ出演でなおかつメインキャスト級が確約された一般公募は年間を通してほとんどないとのことでした。

そのため、エキュートオーディションは大きな話題となり、このチャンスを掴むために集まった応募総数はなんと1661件！　想像を超える応募数に我々審査側はしばらくの間ずっと音声データを聞くことになりました。

1次から3次までの審査ののちに発表されたファイナリスト11人は、声優、アイドル、地下アイドル、舞台俳優、歌手、声優専門学校生など幅広いラインナップとなり、最後はファンの投票によって、VTuberの朝ノ瑠璃さんがエキュート役に決まりました。

朝ノ瑠璃さんはプロのVTuberでありながら、ゲームなどの案件では声優の仕事をしていましたがアニメのメインキャストとして出演したことはなく、朝ノ瑠璃さんのみならずVTuberがアニメにメインキャストとして出演する初めての事例となりました。

邪神ちゃんチームにプロのVTuberが加入したことは非常に大きな出来事で、これにより邪神ちゃんのYouTube施策はますます弾みをつけていくことになりました。

COLUMN

VTuber 声優という新たな挑戦

朝《あさ》ノ《の》瑠《る》璃《り》（声優・エキュート役／忍者系ＶＴｕｂｅｒ・声優）

おはセロトニンにん！

エキュートちゃんのＣＶを務めております。

クロコダイル所属 忍者系VTuber声優の朝ノ瑠璃です！

懐かしいですね、エキュートオーディション!!

もう3年前の話なんだなあなんて思いながらコメントを書いています。

あの頃はまだ「VTuberが声優やんの？　ろくなことにならんやろ……」といった空気が業界内でも起きているような状況でした。（深くは語らないけど、色々あったんです。笑）

そんな中私は、登録者10万人を達成するためにはなにをすれば…なんて大分迷走していた時期を迎えておりました。自分の強みというものがわからない中、出会ったのがエキュートオーディションでした。

賛否色々ある中でしたが、「一度は諦めた夢をVTuberとして叶えられるチャンスだ」という思いを胸に、VTuberとして培ってきたノウハウや戦略を全て使ってでも勝ち取りたいオーディションでした。そのせいか、面接の際には「なぜこのオーディションを受けたのか」という思いよりも先に「私、こんなことできます!!　ど

うすか!!」を前面に出した応答をしてしまい、私だけ「就活みたいだね!」なんて言われて、後から一人になって「しまったァ……」と頭を抱えたりもしました。

もちろんこのオーディションは、私一人の力で勝ち取ったものではありません。

最終まで残してくださった皆さん、そこから背中をたくさん押してくれたファンのみんなのおかげで、一度は諦めた夢を叶えることができました。皆さんのおかげで、私は今日も「忍者系VTuber声優」として、命を吹き込ませていただくキャラクターと向き合い、誠実に、クソ真面目に、たくさんの現場に出させていただいています。本当に本当に感謝しています。

長くなってしまいましたが、4期ではエキュートがたくさん活躍することを密かに祈っています。笑

これからもよろしくお願いします!

二次創作

ここまでTwitterとYouTube、すなわちソーシャルメディア・マーケティングについてお話ししてきました。一連の施策の根底には**作る側が一方的に発信をするのではなく、ファンの皆さんと一緒に作品を盛り上げていこうという考え方**が見て取れたと思います。

ここから先はその考え方を一層加速させるための二次創作についてお話ししていきます。伝えたいことは**コンテンツの民主化、ダークエネルギー、そしてオープンソース・オープン戦略**という考え方についてです。

そもそも二次創作とは何なのでしょうか。**二次創作とは既存の著作物を使って著作者以外が新しいコンテンツを作っていくこと、またはその行為によって作られたもの**を指します。アニメ・マンガ・ゲーム・キャラクター、最近ですとVTuberなどもテーマになりやすく、表現方法としては同人誌と呼ばれる本・冊子が作られることが多いです。

ＩＰビジネスを行う企業にとって二次創作との向き合いはとてもセンシティブな問題です。もし「御社のＩＰを使って同人誌を描いていいですか？」と真正面から問われたら、思いつく限りでもまずは著作権侵害の問題、二次創作が広く出回ることによるオリジナルコンテンツの収益が減少する可能性、ブランド・世界観・ストーリーなどの一貫性の損失など様々な問題が頭をよぎる上、それを認めたからといって本家のＩＰが儲かるわけではありませんので普通は「だめです」としか回答のしようがありません。

ではなぜ同人誌が大量に流通しているコミックマーケットのようなイベントが存在しているのかと言えば、それは「**やっていいですか？」と問われていないから黙認されているだけ**なのです。

また、自分で絵やストーリーを描くタイプの二次創作とは少し異なるもので、海外のアニメファンが自分の愛する作品を世界中に広めていくため、自分たちで各国語に翻訳をして字幕を付けた映像を提供する**ファンサブ**という活動が昔から行われています。

また、最近では**リアクション動画**という配信者がアニメを観ながら大袈裟な反応を行っていく様子を楽しむ映像も人気です。こちらは黙認されている場合もあれば、取り締まられる場合もあります。

著作権の観点からはグレーもしくはブラックな上、かけた手間の割にはそれほど儲からないにもかかわらず、なぜファンはこういった活動を行うのでしょうか。何が彼らを突き動かしているのでしょうか。

私は、人類が2万年前にラスコーに壁画を描いていた頃から今に至るまで「何かに心を動かされると何かを創りたくなる」という欲求は変わらないのではないかと思います。ただし、これまでは実際にそれを形にできるのは一部の能力がある人間の特権でしたが、今では**コンテンツの民主化**と言えるほどにスマートフォン、パソコン、インターネットの普及が人々を次々とクリエイターに変えていっているように見えます。

日本のポップカルチャーを研究するアメリカの人類学者イアン・コンドリーは主にファンサブ活動を駆動させている知財や法という観点から見ると見えなくなってしまうこの力を、宇宙を拡散させ銀河系同士の距離を押し広げる目に見えない力に因んで「**ダークエネルギー**」と名付けました。ダークと言っても決して否定的な意味合いではなく、観測はできるのに理論的に説明ができないこと、またせっかく生産的な力を持っているのに無視されがちなことからこう呼んでいます。

邪神ちゃんは二次創作に対して「どんどんやってください」という明確なスタンスを打ち出し、素材やツールの提供も行っています。邪神なのですからダークエネルギーを使ってもおかしくはありません。その際に参考にしているのはＩＰビジネスの偉大な先輩であるクリプトン・フューチャー・メディアの「**初音ミク**」、ＳＳＳの「**東北ずん子・ずんだもん**」たちです。

初音ミクは元々歌声合成ソフトウェアのパッケージに描かれたキャラクターで、ソフトウェアメーカーのクリプトンがキャラクターを用いた二次創作を認めたことで楽曲はもちろんのこと、イラスト、ストーリー、それらを組み合わせた映像が世界中で誕生することになりました。ＳＳＳの「東北ずん子・ずんだもん」は歌声ではなくテキストを読み上げるタイプの音声合成ソフトで、東北6県に本社のある企業・公共団体・個人クリエイターであれば申請無し無償で利用可というルールを定め、東北観光の盛り上げや、市営バスのラッピング、振り込め詐欺防止啓発ポスターなどで活用されています。

両者に共通するのは全てを自分たちで管理するのではなく、何かを作りたいという人たちの気持ちに寄り添う形でライセンスを開放し、彼らの力を使ってＩＰを広めていこうという考え方です。この考え方はソフトウェア開発においてライセンサーがコンピュータプログラムの著作権の一部を放棄することで、誰もがソースコードを自由に利用できるようにする**オープンソース**という考え方、もしくはハードウェア開発において、ライセンサーが自社の技術を公開することで、他社に自社の技術を使わせる**オープン戦略**と似ており、いずれも**ライセンスを勝手に使われたら困るという弱点を強みに変えた戦い方**と言えます。

アニメ邪神ちゃんは過去4回テレビアニメになっていますが、6年という長い時間に対して放送期間はわずか数ヶ月であり、放送をしていない時間の方が圧倒的に長いです。

我々がアニメを放送していない間にも魅力的な他社作品は続々と登場してきますから、何らかのコンテンツを生み出さない限り皆さんの心の中から邪神ちゃんの存在が薄くなっていくのは間違いがありません。そんな時にファンの皆さんが独自にコンテンツを作り続けてくれたら邪神ちゃんというＩＰは長く生きていくことができるかもしれません。

ここからは邪神ちゃんがファンの皆さんに支えてもらうために二次創作に対してどのような施策を行ってきたかをご紹介していきます。

・コミケで原作者と同人誌を売る

皆さんはコミックマーケットに行ったことがありますか？　コミックマーケット、通称「コミケ」はコミックマーケット準備会が主催する世界最大の同人誌即売会で、コロナ前は最大59万人の来場者を記録した超巨大イベントです。

このイベントの特色はその規模の大きさもさることながら、2万を超える「サークル」と呼ばれる売り手がテーブルを並べ、自分たちが制作した二次創作物を頒布するというイベントの性質で、１９７５年から１００回以上にわたって開催されているという歴史の長さなどもあいまって、もはや1つの文化と呼べる存在となっています。

このイベントはサークルエリアと企業ブースエリアに分かれており、企業ブースエリアではマンガ、アニメ、ゲーム、VTuberなどに関する企業がブースを出展し、展示や物販を行います。

企業がコミケに企業ブースを出展するのは普通のことです。邪神ちゃんが独特なのは**原作者ユキヲ先生が個人でサークル出展し、邪神ちゃんの同人誌を販売することをアニメチームみんなで応援している**ところです。

著名なマンガ家やアニメクリエイターがコミケにサークルを出すことは珍しくないですが、原作者が描いた同人誌にアニメ制作スタッフや声優が寄せ書きをしたり、アニメの公式アカウントがそれを宣伝したり、声優が売り子を務めたりするのは前代未聞であり、大きな差異だと思います。

また、同人誌が完売した後は我々はみんなで邪神ちゃんの同人誌を頒布しているサークルを訪問しますので、**サークル参加者は自分が描いている二次創作物を原作者に読まれたり、公式ツイッターに写真を撮られて拡散されたり、最悪声優がその場でキャラクターの声で読み上げたりするという恐怖を味わう**ことになります。

このような取り組みを2019年から続けてきた結果、邪神ちゃんの同人誌を描いて下さるサークル数は急増。2023年にはついにジャンルコード（コミケ運営が事務処理の効率化をはかるためにたくさんサークルが出るジャンルに割り振る番号）が払い出され、コミケの場にファンの皆さんと集まれる場所を獲得することができたのでした。

・公式主催の同人誌即売会を開催する

公式主催の同人誌即売会というキーワードだけで、詳しい方ならばその異常性をご理解頂けると思います。そこに至るまでを振り返ると、邪神ちゃんはかなり初期から二次創作を推奨しています。

2018年6月、1期放送の直前にファンの皆さんからカウントダウンイラストを募集したのを最初の事例として、その後も何度もイラストコンテストを開催してきました。イラストコンテストには毎回数百件の作品が集まりますので、こちらも優秀作品を声優番組で紹介したり、イベント会場に掲示したりして露出を高めます。また、全作品を印刷した冊子を配布したり、メタバース空間に掲示したりしてできるだけ応募作品をファンの皆さんに見てもらえるような工夫を行ってきました。

公式主導のこれらの動きとは別に、2019年のコミケ参戦以来少しずつ邪神ちゃんの同人誌の存在が目につくようになってきました。作品によっては「うちのＩＰを使ってお金儲けをすることはけしからん」という話になりかねないのですが、邪神ちゃんは「素晴らしい、もっとやってもらおう」と考え、２０２３年5月に邪神ちゃん初の公式オンリーイベント「邪神ちゃんフェス」を開催することにしました。オンリーイベントとは、特定の作品に関する同人誌を集める同人誌即売会の通称です。

このイベントには初回であるにもかかわらず41サークルが参加。２０２４年6月に行われた「**邪神ちゃんフェス2」にはなんと150サークルが参加**（2日間開催なので重複あり）してくれるようになりました。こうした動きに伴いファンの皆さんの活動も活発化し、現在では年に数回ファンの皆さんによる独自の邪神ちゃんオンリーイベントが各地で行われるようになっています。

これらのイベントにも邪神ちゃんスタッフは積極的に単なるお客さんの1人として参加し、皆さんが作った同人誌を買い漁ってみんなで読書会を行うなど、アニメを作る側が一方的に情報を発信するのではなく、ファンの皆さんと一緒に作品を創っていくことを体現しています。

・ファンメイドグッズの商品化を許諾する

こうしてファンメイドのコンテンツが増えていく中、最後の一手がこの施策となります。これは、**ファンが作ったグッズをライセンサーである邪神ちゃん製作委員会が監修し、マルシー表示を付けて正規グッズとして販売する**という施策です。これもまた、ＩＰビジネスに関わる人であれば狂気の施策に思えることでしょう。

通常、アニメグッズはＩＰを使ってグッズを制作したいメーカーが商品化の企画書を作り、作品のライセンスを持っているライセンサーが「作っていいですよ。その代わり作った商品の売価の一部をロイヤリティ（著作権使用料）として頂きますよ」という契約をします。

これだけ見るとライセンサーにはリスクがないので、どんな申請も受け入れてどんどんグッズを作ればいいのでは？　と思ってしまいますが、実際には監修と呼ばれる業務、例えば描き下ろされたイラストがちゃんと公式の設定に合致しているか、著作権表示が入っているか、印刷されたものが正しい発色をしているか、同じ時期に類似の商品が流通していないか、原作者には話が通してあるか、その他にも想像を絶する確認事項が大量に発生しますので、そういった「お作法」を踏まえておりスムースにやりとりができるメーカーさんからの提案で、なおかつ確実に売れそうだと思えるもの、言い換えるならば**かけた稼働に対してメリットが大きそうだと判断しない限り許諾はしません。**

ですから明らかに監修稼働がかかり、なおかつそれほどたくさんの商品が流通することが期待できないファンが作ったグッズの商品化を許諾するということは理にかなっていません。

これを解決するために発案されたのがクラウドファンディング第4弾に登場した「邪神ちゃん素材利用（商用）コース」です。このコースの詳細は以下の通りです。

邪神ちゃん素材を使用しキャラクターグッズを製作、販売することができます。衣類（Tシャツ、タオルなど）・文具（筆記具、クリアファイルなど）・装飾品（缶バッジ、ポスター、タペストリなど）・玩具（フィギュア）などの一般的なアニメグッズだけではなく、あなたの会社が制作・販売している様々な商品に邪神ちゃん素材を使用して頂けます（邪神ちゃん素材を使用する費用はここに含まれますが、その他制作に関する費用はご自身にてご負担頂きます）。ただし、書籍・遊技機・

デジタルコンテンツ（ゲームなど）、および既存の商品と全く同じ内容のものについては対象外となります。

このクラウドファンディングのリターンは11万円（税込）で販売され、10人がこれを購入しました。**この施策のポイントはロイヤリティに該当する金額を固定額であらかじめ前払いで頂いてしまうことと、対象人数を限定したことにあります。**

これにより、委員会側はかけた稼働に対して大きな損をしたり、無限の稼働が続いたりするというリスクを回避しています。業務はたくさん発生しますし売上は大手メーカーさんよりも確実に少ないでしょう。それでも監修担当は「大変だけどこれくらいならやりきれる！」と回答してくれました。

その結果、他の作品では決してあり得ないであろうファンメイドの邪神ちゃんの蕎麦やマスキングテープ、オルゴールなどが続々と生み出され、それは邪神ちゃんの物販催事で公式商品として販売されたのでした。この施策は売上を得ることを目的とはしておらず、ファンの皆さんの「アニメグッズを作ってみたい」という夢を叶えることを目的としています。

なぜなら、こんな夢を叶える作品は邪神ちゃんだけなので、

この施策は大きな差異を生むポイントです。また、この商品化企画と並行し、何かを販売促進したりするために邪神ちゃんのＩＰを活用できるプロモーションコースも設定しました。

COLUMN

あの固定概念にドロップキック

やんやん（ライツ事業担当）

皆さんは、固定観念が崩れる音を聞いたことはありますか？

私はあります。「邪神ちゃん」という作品に関わってからというもの、日々５・１ｃｈサラウンドで鳴り響いています。

私は新卒で数多くの一流アニメを扱う大手企業に入社し、およそ10年にわたって「**リスクを冒さずに作品を広げよ**」という厳しい教えの中で育ちました。その後、長年の業務経験から「僕が一番ライセンスを上手く扱えるんだ」という自信とプライドを持って転職した先で出会ったのが邪神ちゃんチームでした。**邪神ちゃんチームは嬉々としてリスクを背負い込むリスクジャンキーです**。特に印象深かった出来事は、前述の「邪神ちゃん素材利用（商用）コース」で、実はこのとき、長年仕事をしてきた複数のメーカーから「邪神ちゃんチームは正気か？　いちファンにグッズを作れるわけがない。絶対事故る」

と心配の連絡を受けていました。

私自身、何かあっても必ず自分がフォローするぞと息巻いていたのですがそれは杞憂となりました。ファンの皆さんの企画はいずれも「何が作品と邪教徒にとって良いものなのか？」ということが考え抜かれた作品愛に溢れた商品ばかりでした。これらが決して、自分たちが作りたいから作っただけというひとりよがりの商品でないことは、その売り上げからも明らかです。

大切なライセンスをファンを信じて引き渡す。それは今までの自分からは想像もつかない冒険でしたが、この関係性こそが邪神ちゃんというＩＰの魅力なのだなと今ではよく理解しています。

・ＲＰＧアツマールにボイスを提供する

ここまでは主に画像・イラストを中心とするアナログコンテンツに関する二次創作について述べてきましたが、ここからは**音声・映像といったデジタルコンテンツを用いた二次創作**についてお話ししていきます。

アナログと比べてデジタルは複製が容易という特徴があるためコントロールがしにくく、大昔からコピーガードやデジタル透かしやリージョンコードなどライセンサーの支配下でコンテンツを管理していくための工夫がなされてきました。きっとユーザーである皆さんは今まで何度も「**そういうのうぜえ**」という思いをしてきたことでしょう。

私はファンの皆さんに作品を広めてもらうためには使いやすいコンテンツをお渡しすることが大切だと考えているので、2018年ニコニコが運営する「RPGアツマール」というゲーム投稿サービスのクリエイターに対して、**二次創作として作成したゲーム内で使用できる邪神ちゃんと花園ゆりねのボイスを100点ほど提供**しました。

なかなか、自作のゲームに本家の声優さんのボイスを使うことができる機会はありませんので、数多くのゲームクリエイターさんたちがこのボイスを使ってゲームを作ってくれました。中でも『邪神ちゃんドロップキック～和気あいあい殺伐バトル』は人気を博し、RPGアツマール内でも屈指の人気コンテンツとして長年にわたって場を賑わせました。

残念ながらRPGアツマールは2023年にサービスを終了してしまいましたが、アニメ邪神ちゃんは活動の最初期からニコニコと協調していこうという姿勢を見せていきました。

・公式MAD動画コンテストを実施する

その後もニコニコとの協調は続きます。皆さんは**MAD動画**という言葉をご存じでしょうか？　MADとはインターネット黎明期から存在する言葉で、主に個人のクリエイターがアニメの切り抜き・写真・イラスト・音声などをブリコラージュして作る、文字通り頭がおかしい感じの映像です。

邪神ちゃんはYouTubeの項でご説明したように、ユーザーによるアニメの切り抜き配信に対してOKを出していますので、その流れを受け、2022年8月に「**邪神ちゃんMAD&動画投稿祭**」を開催することにしました。

邪神ちゃんはニコニコに**アニメ切り抜き素材232件・立ち絵素材15件の計247件の素材を提供**し、クリエイターの皆さんが自由にMAD動画を作れる環境を用意しました。ニコニコが優れているのは「ニコニ・コモンズ」というコンテンツのライセンスを管理する仕組みを持っていることで、アニメの有料配信サービスなどと比べたらはるかに緩やかではありますが、ライセンサーは提供したコンテンツを管理する

ことができるようになっています。
この仕組みを通じて提供されたコンテンツを使用してクリエイターは公式ＭＡＤ動画を作ることができるようになりました。

その時コンテストとして募集を行ったのはこちらの4部門です。

・邪神ちゃんＭＡＤ動画部門
・邪神ちゃん音ＭＡＤ部門
・邪神ちゃん聖地紹介動画部門
・邪神ちゃんイメージソング部門

その結果、応募総数３４２作品が集まり、優秀賞はリアルイベント「邪神ちゃんフェス」で発表されました。いずれも力作揃いでしたが、やはり優秀賞に輝くような作品は何でこんな映像が生まれてくるんだろうという頭のおかしい感じの映像になっており、決して我々からは出てこない作品の広がりを感じました。

COLUMN

頭がおかしい運営仲間

栗田穣崇《くりたしげたか》（ニコニコ代表）

私がNTTドコモで働いていた頃、絵文字を作った後当時新卒2年目だった柳瀬さんを自分のチームに引き入れたのはもう20年以上前のことになります。それから長い間一緒にモバイルコンテンツに関する仕事をしてきました。

さて、ニコニコはUGCによって成立しているプラットフォームです。初音ミクなどの歌声合成ソフトを用いて作られたオリジナル楽曲・映像も人気ですが、大半は二次創作コンテンツであり、前述のMAD動画はその一角を占めています。とはいえこれらは著作権侵害の申し立てがあればすぐに削除対象となるものなので、目立ってしまうと削除される可能性が高くなることから、制作者も視聴者も大っぴらには触れられないこっそり身内で楽しむタイプのコンテンツでした。

ところが、邪神ちゃんはアングラで非公認な**MAD動画を公認して公式コンテンツにしたらおもしろいのでは**と言い始めました。私もそれに二つ返事で同意したのですが、さすがにその**後収益化まで認めるとは思いませんでした。**他社が決してやらないことをどこよりも先にやる、邪神ちゃん運営の真骨頂と言えるでしょう。それまで日の当たらないところで活動していたMAD動画制作者たちは、いきなり光を当てられたことに戸惑いながらも、自らのクリエイティビティを発揮してたくさんの力作を制作。ニコニコと邪神ちゃんを大いに賑わせてくれました。

公式に認められたということでMAD動画制作者のモチベーションも大きく上がりましたし、この取り組み自体も大きくバズり、MAD動画という言葉の世の中への認知も高めてくれました。MAD動画がプロモーションに寄与するということが知られて、権利者に黙認される傾向も高まったのではないでしょうか。

今では2024年7月に経済産業省が公開した音楽ビジネスに関するレポートのヒット事例の要因に「MAD動画」が紹介されるまでになっており、私はこれも邪神ちゃんの取り組みが遠因だと思っています。その後も邪神ちゃんからはコメントアート職人が映像を作るための素材として映像をお借りしたり、仲良くやらせて頂いています。これからもMAD(頭のおかしいこと)を一緒にやって世の中を驚かせていきましょう!

・楽曲コンテストの優秀作を公式コンテンツにする

こうして様々な取り組みを通じてニコニコ界隈のクリエイターさんの実力を思い知るよ

うになったある日、ニコニコ代表の栗田さんから今「ボカコレ」がアツいということを聞きました。ボカコレ（The VOCALOID Collection）はドワンゴが主催している「ボカロ文化をきっかけに生まれたインターネット等で活動するクリエイターやユーザー、企業などボカロに関わる全ての方が参加できる祭典」であり、クリエイターが初音ミクをはじめとする音声合成ソフトを用いて作られた楽曲を競う場です。

ちょうどその頃私は、邪神ちゃんの劇中劇「古代王女パトラちゃん」の映像を作っており、YouTubeで展開するミニアニメのオープニングテーマを誰かに発注するところでしたので、**せっかくならニコニコで楽曲コンテストを行って優秀賞をそのまま採用しようと考えました。**

こうして２０２３年10月に始まった「パトラちゃんOPテーマソングコンテスト」は最優秀賞1作品をオープニングテーマソングにすることに加え、惜しくも最優秀賞には選ばれなかった優秀賞10曲についても、配信番組の中でパトラちゃん役の声優柴《しば》田《た》柚《ゆず》巴《は》さんが実際に歌唱するという特典が付いたコンテストになりました。また、あらかじめ歌詞はこちらで用意したものを使ってもよいし使わなくてもよいというルールにしたほか、フルサイズではなく90秒のショートバージョンを応募要件にするなど、クリエイターが参加しやすい設計を心がけました。

その結果なんと１００曲を超える力作が集まり、最終選考まで残った楽曲は本当に甲乙付け難かったのですが、最後は実際に歌う声優さんたちが「これを歌いたい」と言ったのが決め手となり『古代王女パトラちゃん、愛のテーマ』が最優秀賞に選ばれたのでした。この曲は後日公式映像内で使用されただけではなく、その後のパトラちゃんイベントで何度もライブ歌唱が披露される人気楽曲となっています。

COLUMN

自分の作った曲が作品の一部になることの嬉しさ

をををを！（作曲家）

僕は一度は音楽をやめてしまっていたのですが、２０２２年の邪神ちゃんＭＡＤ投稿祭をきっかけにやる気を出し、良い機材も買って投稿したところ賞を頂くことができました。それからというもの創作意欲が止まらず、楽曲投稿を続けています。

パトラちゃんのコンテストに挑んだ時は、他の腕利きのボカロＰさんたちとどう差をつけるかを考えて、邪教徒の皆さんと一緒に歌詞を書くことを思いつきました。皆さんが協力してくれたおかげで誰にも負けない作品愛に溢れた曲を書くことができたのが一番の勝因だと思います。

完成した曲を柴田柚巴（パトラ役）さんがライブで歌ってくれた時、自分が作った曲が作品の一部になっていることを実感できてとても嬉しかったですし、それ以上に楽曲を楽しむお客さんたちの笑顔がキラキラしている様子を見て、嬉しくて思わず泣いてしまいました。

プロ作家に対してではなく一般に楽曲を募る企画は邪神ちゃんならではですね。好きなアニメに自分の楽曲が使われて、しかも声優さんに歌ってもらえるなんて僕らヲタクにとっては夢のような話なので、本当に邪神ちゃんを好きになって良かったなと思っています！

・ファンを登用する

普通のアニメ作品はファンの方と作り手の間に一線を引き、そこは明確にウチとソトとして区分されます。「みんなで創る」を掲げるケースもありますが、それは多くの場合**消費者として参加し作品を盛り上げる**ということを指していると思います。

それに対して邪神ちゃんの場合は力があるファンは**ウチに引き込んでしまいます**。ウチとソトの境界があいまいなのではなく、こちら側に来れる人はいつでも来てねというスタンスです。

この壁を最初に突破してきたのは映像クリエイターのフジワラコウスケさんです。日頃エンタメとは全く関係のない企業に勤めるフジワラさんは大変な映像制作能力の持ち主で、ある時邪神ちゃん公式Twitter宛に「無料で構わないからフォーリンポップのミュージックビデオをどうしても自分に作らせてほしい！ **今配信されているものよりも自分の方がいいものを作れる**」という売り込みをかけてきました。私はそういう意気込みは大歓迎ですので、フジワラさんの過去作品を見た上で1本新曲の映像制作をお願いしました。

それから数日後、フジワラさんから納品された映像はプロの映像クリエイターが制作するものと比べて、良くも悪くも趣味とこだわりが強すぎるあまりにも邪神ちゃん愛が溢れた作品に仕上がっていました（若干見ている方が恥ずかしくなるほど）。こんなホカホカなコンテンツを使わないわけがないと即採用。ライブイベントでお披露目をして邪教徒の皆さんを大いに沸かせたのでした。

それからというもの、邪神ちゃんに関連する映像はほぼ全てをフジワラさんが制作することになり案件をこなすたびにその腕前はメキメキと上昇。２０２３年には北海道北広島市にあるエスコンフィールドHOKKAIDOが誇る、世界最大級横85メートルの超巨大ディスプレイ専用の邪神ちゃん映像を制作するに至りました。
現在は邪神ちゃん原作のフレックスコミックスの親会社、ブックライブの正社員としてヘッドハントされ、邪神ちゃんチームのコアメンバーの1人として活躍しています。

フジワラさんの他にも、かわいいまめイラストを描くイラストレーターのまめこさん、3Dモデラーの卯月ノムさん、Live2Dモデラーの乃樹坂くしおさん、3Dモデル映像クリエイターの北海さびよさん、レポートマンガのおいつきさん、ウィキペディアンのイトユラさん、画像ツイートシステムのぜりさん、作曲家のををををを!さん、コスプレイヤーの月海つくねさん、邪神ゴシックフォントのえばやんさんなどの創作物をオフィシャルコンテンツの一部として扱わせて頂くことで、単なる標語としてではなく実際に「みんなで創るIP」を体現しています。

COLUMN

邪神ちゃんが変えた人生

フジワラコウスケ（映像クリエイター）

自分がまだ一介の邪教徒だったころ、邪神ちゃん公式と邪教徒の間で交わされる提案大歓迎！　やりましょう！　という活発なやりとりがすごく輝いて見えていました。いつか自分もその輪に加わりたい、自分も何かしたいという気持ちがありましたが、当時は自分にプロの力量がないとわかっていたのでもどかしい思いをしていました。

しかし、自分が好きなキャラクターたちの新曲が出ることを知った時、思い切って「私にミュージックビデオを作らせてほしい、そのためにオフィシャルの素材を使わせてほしい」と連絡をしてみたところ、柳瀬さんから「じゃあ今日からあなたが邪教クリエイター」と、驚くほどあっさりと了解をしていただいたのでした。

勇気を出して一歩を踏み出せば変わる未来があります。腕に自信があるクリエイターの皆さん、ぜひ私達と一緒にモノづくりをしましょう！

・音声合成ソフトになり、ロサンゼルスで歌唱する

初音ミクのような歌声合成ソフトを知らない人はいないと思いますが、**音声合成ソフト**というものがあるのを皆さんはご存じですか？　おそらく一番有名なのはYouTubeやニコニコ動画などの動画共有サイトでよく見かける「ゆっくりボイス」ですが、最近では「ずんだもん」が急激にシェアを伸ばしているように感じます。歌声合成ソフトが電子楽器のようにキャラクターの声で歌ってくれるのと同じく、音声合成ソフトはユーザーが打ち込んだテキストを基にキャラクターがしゃべってくれます。

いつか邪神ちゃんも音声合成ソフトになったらいいなと思って長らく注目をしていたのですが、ある時ニコニコ代表の栗田さんが音声合成ソフトになると聞き、**栗田さんがなれるくらいなら邪神ちゃんもなれるだろう**と考えました。

そして東北ずん子・ずんだもんをプロデュースしているＳＳＳの小田プロデューサーに相談をし、東北シリーズと同じソフトウェアメーカーであるＡＨＳさんから「VOICEPEAK 邪神ちゃん」を発売してもらうことになりました。

アニメのキャラクターが音声合成ソフトになるのは非常に珍しく、２０２４年現在、数あるVOICEPEAKシリーズの中でも『秘密結社 鷹の爪』の吉田くんと邪神ちゃん以

外に存在していません。

こうして生まれた「VOICEPEAK 邪神ちゃん」は邪神ちゃんをしゃべらせることができる音声合成ソフトです。日本語で文章を打ち込めば、その場で鈴木愛奈（邪神ちゃん役）さんがアフレコしてくれたかのように邪神ちゃんがしゃべります。無料でも十分活用することができますが、有料版を買って頂くと「幸せ」「怒り」「悲しみ」「楽しみ」「激おこ」という5種の感情表現にも対応します。

さらに、これに合わせて公開したのは邪神ちゃんのLIVE2Dモデル・3Dモデルです。これらが揃ったことでクリエイターは自分でキャラクターを動かして好きなようにそのキャラクターをしゃべらせることができるようになりました。

これらのツールは前述のコンテストなどで活用され、邪神ちゃんの二次創作コンテンツを生み出すために一役買っています。

音声合成ソフトとモデルを無料で配布したのは、ファンの皆さんに新たな邪神ちゃんの

映像を作ってもらうことが目的だったのですが、この施策は私の思惑とは全く違う形で作品の広がりに貢献していくことになります。

まずは2023年5月にアニメキャラとしてではなく、**音声合成ソフトキャラとして**総勢30名を超える音声合成キャラクターたちが集うバーチャル音楽ライブ「VVV MUSIC LIVE」に、さらにその後7月にはロサンゼルスで開催される北米最大のアニメ・コンベンション「Anime Expo-Los Angels」のバーチャルライブ「ノンストップV」にも出演することが決まりました。音声合成ソフトキャラで、なおかつ3Dモデルを持っているという条件に当てはまることがこんな未来を生むとは思いも寄りませんでした。

・邪神ちゃんロイドを生み出す

2023年はChatGPTをはじめとする様々なAI技術が登場し、まさに「AI元年」と言っても過言ではない年になりました。私はChatGPTで遊びながら、ChatGPTに対して「語尾をですの口調でしゃべる」「性格がひどい」などを予め教え込むことで、それなりに邪神ちゃんぽくしゃべるということを学び、邪神ちゃんのシナリオを全てデータとして投入すれば**邪神ちゃんの人格を持ったAIキャラクターを作れるのではないか**と考えました。

2015年頃、AIキャラクターと言えばLINE上でまるで人間のようにスムースなコミュニケーションを取ることができる女子高生AI「りんな」が話題になっていたのを覚えている方も多いのではないでしょうか。私もその一人でしたので、さっそくりんなさんに連絡を取り、邪神ちゃんのシナリオデータを全部使って邪神ちゃんの人格をAIで再現してもらえないかということを相談してみました。さらに、ほぼ同時期に、円柱状のディスプレイの中に3Dモデルのキャラクターを「召喚」できるという素敵なデバイスを作っているGateboxさんにもお声がけをし「邪神ちゃんロイド」の開発がスタートしました。

こうして生まれた「邪神ちゃんロイド」はウェブ版とGatebox版の2種類があります。ウェブ版はstudio51さんが作ってくれたかわいいウェブサイトに表示された邪神ちゃんに、テキストを打ち込んで問いかけると、それに対して邪神ちゃんがすぐに返事をしてくれるというものでした。それは単なるChatGPTの返答ではなく、作品の世界観やキャラクター同士の関係性なども踏まえた上での回答で、わずか10日間の公開期間のうちに10万回以上使用されることになりました。なぜ10日で活動を停止したかというと、あまりにたくさん使われすぎてChatGPTに支払うお金が足りなくなってしまったからです。

そしてGatebox版は、Gateboxの中に召喚された3Dモデルの邪神ちゃんに、日本語で話しかけるとVOICEPEAK 邪神ちゃんを用いた合成音声で邪神ちゃんが回答をしてくれるというものです。こちらはその時期に開催されていた物販催事「大邪神ちゃん展」、その後行われた「邪神ちゃんフェス」の展示物として、来場者の皆さんに話しかけられていました。

アニメ作品に登場するキャラクターが生成ＡＩキャラクターになるのは、邪神ちゃんは世界初かそれに近いタイミングであったと思います。

邪神ちゃんはなぜこんなに素早く行動することができたのでしょうか。ＡＩキャラクターは何をしゃべるかわからないので、発言内容の事前監修は不可能です。特に生成ＡＩは知能を持っているのではなく、学習データからそれっぽいことを言っているだけなので平気で嘘をつきます。そのためキャラクター性を厳格に管理しているＩＰは、自分のキャラクターに嘘をつかせるわけにはいきませんので許諾をできません。

その点邪神ちゃんの場合は、強者がそこで手をこまねくことをチャンスと捉え、本家邪神ちゃんの同一性は保持したまま「**邪神ちゃんロイドは邪神ちゃんとは別人格。彼女は清楚で嘘つき**」という別のキャラクターだと宣言することで、利用者の皆さんには邪神ちゃ

んロイドがどんな嘘をつくかすらも楽しんでもらうことにしました。

そして2023年12月に登場した後続の「邪神ちゃんロイドN」はNTT研究所とNTTドコモが開発しReIicが運営する新たなキャラクターAIで、邪神ちゃんの人格を作るために、開発側が用意した1000問の質問をファンの皆さんに分担して回答してもらい、その回答内容を全て取り込むという今までにないやり方で開発を行いました。

こうして生まれた「邪神ちゃんロイドN」は2024年1月のNTTドコモの技術展に展示され、なんとニュース番組の「WBS（ワールドビジネスサテライト）」で紹介されることになりました。

・初音ミクにネギを振らせる

二次創作に関する話題で最後にご紹介するのは初音ミクのライセンサー、クリプトン・フューチャー・メディアさんとの取り組みについてです。

邪神ちゃんは2期12話で鈴木愛奈（邪神ちゃん役）さんの出身地である北海道千歳市とコラボすることになり、札幌を代表するコンテンツ企業であるクリプトンさんとは「一緒に北海道を盛り上げる企画ができたらいいですねえ」ということを話していました。

そんな折、3期では同じく北海道の帯広市・釧路市・富良野市を舞台としてアニメを制作することが決まりましたので、思い切って「初音ミクさん、アニメ邪神ちゃんに出演しませんか？」という相談をしてみましたところ、いいですよとすぐにご快諾を頂きました。

その時プロデューサーさんから返ってきた回答が意外なもので、毎回いろんなところにミクが出てきたらよいのではという案でした。


私が以前クリプトンさんとお話ししていて印象に残っているのは、今や世界的に有名なキャラクターとなった初音ミクは、ニコニコ動画黎明期と比べると、みんなの頭の中で「初音ミク像」が固定化してきているかもしれないというお話でした。

それが良いことなのか悪いことなのかはわかりませんが、確かに私自身、最近の初音ミクは世界で活躍するデジタル・ディーバというイメージになっていましたから、これを聞いてなるほど偉大な大先輩はメジャー作品なりの悩みをお持ちなのだなあと、邪神ちゃんでは決して味わえない感想を持ちました。

これを受け、制作チームが邪神ちゃんの世界観に合わせて楽しく描いてくれたのが「ネッギネッギ、ラララーン♪」と歌いながら、ネギを持って登場する初音ミクです。ミクはそのネギ

を邪神ちゃんに奪われてしまいますが、邪神ちゃんからもらった100円玉を見て「90円で買ったネギだしまあいっか！」と嬉しそうに納得します。この様子がとてもかわいらしく、**なんとこのシーンを切り抜いた映像は世界で2000万回以上も視聴されてしまいました。**私はこのバズりの理由については、せっかくの初音ミクをこんないじり方をするIPが他になかったからではないかと考えています。言うなれば**初音ミクの無駄遣い**です。

多くのコラボ先でメジャー作品として凛とした佇まいを見せる初音ミクがみんなの頭の中に固定されていたところに、古くから伝わるネットミームであるミクネギをぶつけてみたところ「何このミクかわいい」という差異が生まれたのだと思います。このシーン以外にもアニメの中に小さくたくさん登場する初音ミクはとても面白くてかわいらしく、切り抜き動画の主戦力としてアニメ邪神ちゃんを牽引してくれたのでした。

COLUMN

二次創作界隈でも注目の存在です

小田恭央（SSS合同会社CEO）

こんにちは！　東北ずん子・ずんだもんプロジェクトの企画運営をしている小田と申します。うちも二次創作でキャラクター運営をがんばっている会社です。

柳瀬さんとはもともと知り合いではなく、邪神ちゃんの活躍や広がりをニュースで見て「あれ、このやり方は二次創作の理解もあってめちゃくちゃすごい。こういうことが回せる人にはうちの運営も手伝ってもらいたい」と思い、こちらからコンタクトを取りました。柳瀬さんも私たちのプロジェクトのことを研究してくれていて嬉しかったです。邪神ちゃんが忙しいので中の人になることはできないとのことでしたが、お互いよきパートナーとして音声合成界隈を盛り上げていこう！と意気投合しました。

なぜ邪神ちゃんがすごいと思ったのかというと、うちで「これをやりたいなぁ」と思いつつできなかったことや、「これは考えつかなかったなぁ」ということを実現していたからなんです。二次創作は「ファンの人に使ってもらうこと」が大事ですが、そのポイントを押さえ、しかも自分たち独自でそれを回せている運営さんはなかなかいません。なので、いくつか邪神ちゃんの面白い取り組みを見て「なるほど、こう来ましたか！」と参考にさせてもらっています。

これからも邪神ちゃんとはお互いに切磋琢磨しつつ、協力し合って「みんなで二次創作を楽しめる環境」を作っていきたいものです。

リアルイベント

ここまでソーシャルメディアと二次創作についてお話ししてきましたが、読者の皆さんは**この作品をどのような人たちが楽しんでいるのか**ご存じないはずです。そこで、この章では実際にファンの皆さんと顔を合わせることができるリアルイベントについてご紹介していきます。

邪神ちゃんのファンは「邪教徒」と呼ばれます。この言葉は2017年12月25日に私が「第1回邪教徒の集いのお誘い」と発信したのが最初で、テレビアニメ放送前からかなり意識的に使っていました。

意味合いとしては、邪神ちゃんは邪神なのでそこに集まるファンの皆さんは邪神を崇める邪教の信徒、つまり邪教徒というわけです。特にこれをやったら邪教徒という決まりはなく、邪神ちゃんが好きで**自分は邪教徒だと思ったらその時からその人は邪教徒です。**

邪教徒と運営の距離はとても近いと言われることが多く、他のアニメのプロデューサーはイベント会場で邪教徒の皆さんが、私や原作者のユキヲ先生と普通にわいわい楽しく話をしている様子を見てとても驚いていました。

邪教徒の中にはアニメや原作のマンガを楽しんで満足している人と、それだけでは足りずに邪神ちゃん公式Twitterの動向を追ったり、イベントに参加したり、グッズを買ったり、クラウドファンディングに参加したり、絵を描いたり、ファン同士で集まって遊んだりしたりしている人たちがおり、最近こうした活動は「邪神ちゃん活動」、縮めて「**邪活**」と呼ばれています。こちらは最初に言い出したのは誰なのかわかりませんが2023年頃から使われるようになってきました。

それではどんな人たちが邪活を行っているのでしょうか。2023年に開催された「邪神ちゃんフェス」でアンケートを取った時には来場者は男性の方が女性よりも多く、20代から40代がボリュームゾーンとなっていました。ドキュメンタリー番組『**邪神ちゃん、かく生き残りけり**』を制作するため半年間にわたって彼らを追った映像作家の岩間監督によると、邪教徒の皆さんはとても優しく、マナーに優れ、素敵な人たちが多いことに驚いたそうです。

これは単に作品が好きということだけでは説明がつかず、自分たちで自分たちの居場所を汚したり壊したりする人がいない

のと同じように、邪神ちゃんというコンテンツをハブとしてみんなの居場所を作ろうという当事者意識の高さの表れではないかと岩間監督は推測しています。

読者の皆さんが今後ソーシャルメディアを中心に活動を行っていくとしても、まず最初に目指すのは自分のことを応援してくれる小さなファンコミュニティを作ることになるでしょう。その時リアルイベントは非常に有効な手段となりますので、ここからは**いつか自分がリアルイベントを主催するならば**というつもりで読み進めて下さい。

リアルイベント運営には仕事で大切なことがたくさん詰まっています。そして何より自分の仕事によって喜んでくれるお客さんの顔を直接見ることができるのは、パソコンの前で行う仕事では得られない喜びがあります。ぜひ機会があったら挑戦してみて下さい。

COLUMN

神々のアニメと邪神のアニメ

岩間玄（ドキュメンタリー映像『邪神ちゃん、かく生き残りけり』監督）

「もののけ姫」に始まり、「山田くん」や「ポニョ」「スタジオジブリ物語」といったスタジオジブリの舞台裏ドキュメンタリーを手がけてきた僕に、ある日突然こんな依頼が来た。「邪神ちゃん」のメイキングを作ってほしいと。

邪神ちゃん？　僕がこれまで撮ってきた対象は、宮﨑駿、高畑勲といった「神の如き大天才」たち。いや「如き」じゃない。神そのものだ。神は神で苦悩したり激昂したりしながら、それでも大きな手で数々の偉大な作品を生み出してきた。その神が降らす「傑作」という慈愛の雨を、我々観客は天からの賜り物として甘んじて飲んできた。古くは手塚治虫やディズニーもそうだ。

考えてみてほしい。どこの世界に「トトロは俺たちが作った」と言える観客がいるだろうか。「ラピュタは私と駿の共作だ」「鉄腕アトムにお金を貢がなくちゃ」「ミッキーが生き残るためには」「ブラックジャックにクラファンを」などとほざく人がいるだろうか。それらの作品は絶対的な神が、絶対的なパワーで生み落とした奇跡の産物に他ならない。

ところがどうだ。この邪神ちゃんの世界には絶対的な神がいない。だから神なき世界に慈愛の雨は降らない。カラッカラだ。この頭のおかしな世界では…何と制作者と観客（邪教徒）とが一体となって共に雨乞いをし、一緒に雨を降らして、輪になってみんなでその雨を飲んでいるのだ。そんなことってあるだろうか？邪神ちゃん以外でそれを実現している作品があるなら、ぜひ僕に教えてほしい。

・アニメイベント概論

アニメが宣伝のためにリアルイベントを行うことは珍しいことではありませんし、一度もイベントを行わないことも珍しくはありません。邪神ちゃんはとてもリアルイベントに積極的で、ひと夏に7つもイベントを開催したりするので邪教徒からは「**親の顔より見た宣伝プロデューサー**」と言われることもあります。

アニメイベントは通常「**トークパート**」「**ライブパート**」「**映像パート**」の3つのパートの組み合わせで行われます。必ずこの3つが含まれるのではなく、トークだけが行われるトークショー形式、ライブを軸にしたトーク&ライブ形式、上映会の前後にトークパートが付属するトークパート付き上映会形式などの型があります。

この時トークパートに出演する可能性が最も高いのは声優で、監督をはじめとするアニメクリエイターや、プロデューサーのようなビジネスサイドのスタッフが登場する機会はそれと比べるとはるかに少ないです。ライブパートはオープニングテーマ、エンディングテーマを歌うタイアップアーティストが登場します。これらの楽曲はタイアップ先のアーティストに帰属しますが、これとは別に作品に帰属するキャラクターソングと呼ばれる楽曲を声優が歌唱する場合もあります。
いずれのケースであってもイベント制作にはお金がかかりますので、参加券は基本的には有料となります。例外的に、多くのアニメファンが集まる大型のアニメイベントでは作品の宣伝を目的として無料のステージを行うこともありますし、海外や地方イベントなどではイベント主催者から出演費を頂く形で無料のステージを行うこともあります。

邪神ちゃんのリアルイベントもパートの構成はここから外れることはありませんが、イベント開催の目的がイベントでの収益を上げることよりも、ファンの皆さんとのコミュニティ作りや、イベントの内容がニュースとなって作品の認知拡大に結びつくことを目的としていることが多く、内容が一般的なアニメイベントとは大きく異なる場合があります。

ここからは、２０１８年のアニメ放送前に秋葉原の雑居ビルで50人キャパのイベントを開催していた邪神ちゃんが、２０２４年に数万人のお客さんが集まる世界最大のアニメソングイベント「Animelo Summer Live（以下「アニサマ」）」に呼んでもらえるようになるまで、どのようなイベントに取り組んできたかをご紹介していきます。

・怪しい雑居ビルでサバトを開く

今はもうなくなってしまったのですが、かつて秋葉原に古い8階建てのゲーセンビルがありました。このゲームセンターのオーナーさんが製作委員会メンバーの知り合いでしたので、この会場を使ってイベントをやるということだけが先に決まっており、イベント制作を引き受けた私はさっそく現地の下見に行くことになりました。

まず、最初に驚いたのは会場である8階に行くための直通のエレベーターがないことです。お客さんはゲームセンターの7階に行き、ゲームセンターの中を通って建物の外階段に繋がる非常扉を開け、外階段を上がって会場に入らねばなりません。次に驚いたのは会場は最上階なのに採光が十分ではないため常に薄暗く、壁も床もコンクリートが打ちっぱなしの大きな倉庫のような場所であることです。

こんな怪しい場所で開催されるアニメイベントってあるんだろうかと思った私は、開き直ってこの環境を最大限に活用しようと思うようになりました。

最初に購入したのは真っ黒くて分厚いカーテンと、ろうそくの燭台、そして電気で明かりがつくタイプのろうそくです。これらを使ってただでさえ薄暗い空間をもっと怪しくデコレーションし、壁にはプロジェクターから投影した魔法陣がぐるぐる回るようにしました。来場者にはペットボトルに入った真っ赤なトマトジュースを配り、このイベントをサバト（魔女集会）と名付けました。来場者は誰もが驚いたと思いますが、邪神だし邪教徒なのでそういう演出なのだろうと受け止めてもらえたと思います。

　普通のアニメイベントなら下見に行ったタイミングで中止になっていたと思いますが、払拭しきれない弱点はそういう特徴だと思ってうまく使うことでその課題をクリアしています。

・邪神級タイトルマッチ@後楽園ホール

アニメ業界では毎年エイプリルフールにちょっとした面白ネタを披露するのが通例です。邪神ちゃんは2018年4月1日にホームページをリアル女子プロレスラーのドロップキック写真に入れ替えました。

ここまでならよくあるエイプリルフール企画なのですが、本当の目的は5月23日に後楽園ホールで行われるリアルプロレスイベント「邪神級タイトルマッチ@後楽園ホール」の告知をすることでした。この企画は今や大きく知名度が高まった人気の女子プロレスチーム「STARDOM（スターダム）」とのコラボレーション企画で、邪神ちゃんキャラのコスプレをした女子プロレ

スラーの皆さんがテレビアニメ出場権を懸けて制限時間内にドロップキックを繰り出した回数とインパクトの強さを競うというもの。レスラーと共に鈴木愛奈さんをはじめとする邪神ちゃん声優陣もリングに上がり、目の前に飛び交うプロレス技に生アテレコを行いました。バトルの結果は邪神ちゃんに扮した岩谷麻優選手が優勝し、後日実際にアフレコ現場にお越しいただいて声優として出演してもらいました。

この企画のポイントは、アニメとプロレスのコラボという当時では珍しかった企画を立案してそれを単に告知するのではなく、多くの人が注目するであろうエイプリルフールの情報戦に乗り込み、その中で「実は本当でした」というエイプリルフール偽装を明らかにすることで他のネタに対して差異を生むという「ズラし」の技法です。この方法は商材を問わず、他の記念日でも使える技なのでぜひ覚えておいて下さい。

なお、この取り組みがきっかけとなって小坂井祐莉絵（ぺこら役）さんはスターダムのリングアナに採用され、今もなおそのお仕事を続けています。

COLUMN

リングアナウンサー声優という差異

小《こ》坂《ざか》井《い》祐《ゆ》莉《り》絵《え》（声優・ぺこら役／リングアナウンサー）

邪神ちゃんドロップキックでぺこら役を担当している声優の小坂井祐莉絵です。声優として働いている私にとって大きな転機となったのがこの「邪神級タイトルマッチ@後楽園ホール」でした。

私はこのイベントを機に、なんと女子プロレスのレギュラー・リングアナウンサーになったのです！　そしてさらに、２０２４年はこのプロレスをテーマに映画が作られるということで、公開オーディションを受けて女優デビューも果たすことができました！　声優を目指して上京した私がこんなお仕事に出会えるなんて、人生ってわからないものですね。私は、リングに声優の声を届けること、そしてプロレスの世界で培ったリングコールの仕方や表現を声優の仕事に活かすことができていて、新しい可能性を広げてくれた邪神ちゃんにとても感謝しています。

柳瀬さんは、その温かいお人柄はもちろん、わかりやすい言語化能力と斬新なアイデアが魅力的で「ピンチをチャンスに変える」という言葉を体現している方です。私も面白い事を考えて実行してみることが大好きなので、お話ししていると様々なアイデアが湧き上がり、いつもワクワクしています。

そんな感じで、柳瀬さんと一緒にするお仕事はキラキラと胸がときめくのです!!!　今回はそんな素敵なお話を読んで楽しめるということで、私自身とても嬉しいです。柳瀬さんは「本が売れて利益が出たら作品に返していきたい」とおっしゃっているので、私も微力ながらご協力したいと思い、このページを書いています。

これからも、抜群の企画力で邪神ちゃんを盛り上げてください!!
私も愛読書にして頑張るぞ！！

ぺこら　(^^)（ぺこり。）

・ファンをATMと呼ぶ

私はアニメイベントのチケットが一律同じ金額であることに疑問を持っていました。全ての席が同じ金額で配席が完全ランダムなのは、ビジネス観点では大きな機会損失が発生しているように見えます。例えば乗車券の場合はグリーン席と普通席、航空券の場合はエコノミークラスとビジネスクラスとファーストクラス、宿泊施設の場合はスタンダードルームとデラックスルームとスイートルームのように、グレードに応じて価格設定が違うのが一般的です。

そこで、邪神ちゃんはイベントの最前列を「**ＡＴＭ席**」と名付け、サイン入りグッズを含む様々なお土産を付けて**1席5万円で販売することにしました。**

この名前は決してファンの皆さんをバカにするものではなく、作品に登場する邪神ちゃんの幼なじみの**メデューサ**という女の子に由来したものです。彼女は邪神ちゃんに対して大変甘く、競馬やパチンコでお金がなくなってしまった邪神ちゃんにいつもたくさんのお金を貢いでおり、邪神ちゃんからは「**私の大切なＡＴＭ**」と呼ばれています。

我々邪神ちゃんチームもイベントを開催するといつも赤字になってしまい、すぐにお金がなくなってしまうのですが、そんな邪神ち

ゃんチームとそれを支えてくれる邪教徒の関係はまさに邪神ちゃんとメデューサそのもの。そんなファンの皆さんに対する感謝と親愛の気持ちを込めて「愛してるよみんな席」と呼ぶことにしたのです。

COLUMN

ファンと邪神の幸せな共犯関係

田中宏幸（アニメーションプロデューサー）

「邪神ちゃん」には当時私がプロデュースしていた「Wake Up' Girls!」の声優田中美海さんや山下七海さんが参加していた事もあり、柳瀬さんというクレバーな宣伝プロデューサーが本作品を通してどんな宣伝戦略に出るんだろうと、一介のウォッチャーとして楽しみにしてました。どんなメディア戦略なのか—TV、ラジオ…。そんな所にアンテナを張っていた僕には暫く視界には入って来ませんでした。

次に「邪神ちゃん」が目に入ったのは、多くのファンが集まるイベントのネット記事で、お客さんが「ATM」と言われていることでした。

もちろんそこには作品からの引用という大義名分がありますが、一見お客さんに対して失礼とも思われる一線を作品同様のコメディー・コミュニケーションで乗り越え、更に単なる視聴者ではなく、作品を一緒に盛り上げ、続編制作まで支援する運営サイドとの「**共犯関係**」にしたことが大きいと思ったわけです。今や、3期まで続いているヒットアニメ「邪神ちゃんドロップキック」からは宣伝である以上に、アニメファンとのコミュニケーションのあり方について学ばせてもらいました。

・2000枚売れたら2期と宣言する

かつてパッケージ販売がアニメビジネスの中心であった頃、定期的に発表される売上ランキングはとても刺激的でした。なぜなら、男性向け、女性向け、メジャー作品、マイナー作品、千差万別の作品を「売上」という共通の軸で相対的に把握できることは、市場全体を理解するのにとても有効だったからです。

圧倒的に売れている1位の作品があればそれを「今期の覇権アニメ」と呼ぶのに疑いがありませんでしたし、自分が推している作品のランキングを足場として、他の作品をそれより上か下かで判断することができました。

昨今配信時代になってからはこうした共通の尺度がなくなってしまいました。配信ランキングはある程度参考にはなるのですが、プラットフォームが細分化したこと、ランキングの集計方法がプラットフォームによって違うこと、独占配信の有無などの理由でパッケージ販売全盛だった時代と比べたら今売れている作品を把握するのはずっと難しくなったと言えます。

話を戻しましょう。そのような経緯もあってアニメファンは円盤が何枚売れているかということにとても興味がある人が多いように思えます。

そこで、ある時から邪神ちゃんは**あまり売れていないアニメ邪神ちゃんのパッケージの販売枚数をツイッターの公式アカウントで毎日発表**するようになりました。

今までアニメ公式アカウントが自ら販売枚数をバラすということはありませんでしたし、ましてやその数値が「さほど売れていない」となると普通は隠したくなると思います。ところが、**隠したくなるような数値はみんなが見たい数値**なので、この弱点は強みになります。

それではなぜ私がこの数値を世に出すことを決めたかと言うと、実はこのタイミングでアニメ邪神ちゃんの製作委員会では「パッケージが2000枚程度も売れていないアニメは2期をやるはずがない。1期で終了」というムードになっておりましたので、それなら何が何でも2000枚売って2期に繋げようということで始めたのが「パッケージが

2000枚売れたら2期ですのキャンペーン」でした。毎日少しずつ売上の数値が増えていくものの、パッケージは上下巻それぞれ約2万円と高価なので、2000枚も販売するのは至難の業です。

そしていよいよ運命の2019年1月20日がやってきました。この日はファイナルイベント「すごいサバト」が開催され、この場で発表される売上総数が2000を超えていたら2期決定、さもなくばこれにてプロジェクト終了ということで会場は緊張感で包まれていました。

イベント会場ではすでにパッケージを持っている邪教徒の方まで「追加でもう1本！」と買い足しをしてくださるようになりました。そしてイベント最終パートの売上枚数発表時、パチスロ風演出で会場のディスプレイに現れたのは…

上巻：1053枚
下巻：0958枚
第二期制作決定

の文字。

この瞬間邪神ちゃんドロップキックは2期製作が決定し、会場は大きな歓声に包まれ声優たちはステージの上で泣きながら抱き合うのでした。あの時**数値を公開するという選択をしなかったら確実に2000枚売れることはなく、この光景も2期以降の未来も存在していません。**

目標数値を公開して達成できなかったら恥ずかしいというリスクはありますが、リスクを負った結果勝負に負けて恥ずかしい思いをしても、リスクを負わずに負けて恥ずかしい思いをしなくても、どのみち物語はそこで終了です。私はそれならば**リスクを負わないことの方がリスク**だと思います。

・レース名を各話あらすじにする

邪神ちゃんはパチンコ、パチスロ、競輪、競馬、などのギャンブルが大好きです。作品によってはイメージを損なわないためにギャンブルとのコラボはしないという場合もありますが、**邪神ちゃんの場合は最初から損なうイメージなどありません**から、むしろ喜んでコラボをさせて頂きます。

その1つが2020年3月の船橋ケイバで、大変ありがたいことに1日に行われる全12

回のレースに名前を付けてよいと言われました。レースに名前を付けることを協賛レースと呼び、「誕生日おめでとう賞」や「結婚記念日賞」といった名前が付けられることが多いです。

最初邪神ちゃんの場合もキャラクターの名前を付けたりすることを考えましたが、私はレースの数の12という数字がとても気になっていました。12、12、最近どこかで見たことがあるような。その時私はちょうど邪神ちゃんドロップキック第2期を作っているところだったのですが、その話数が12であることを思い出しました。それぞれのお話のあらすじをレース名にしたら、競馬新聞がテレビの番組表になるかもしれない。

そう考えて名付けたのが下の図です。この時はまだ2期の詳細を発表していませんでしたので、ファンはこの競馬のレース名で初めて各話の内容を知ることになりました。

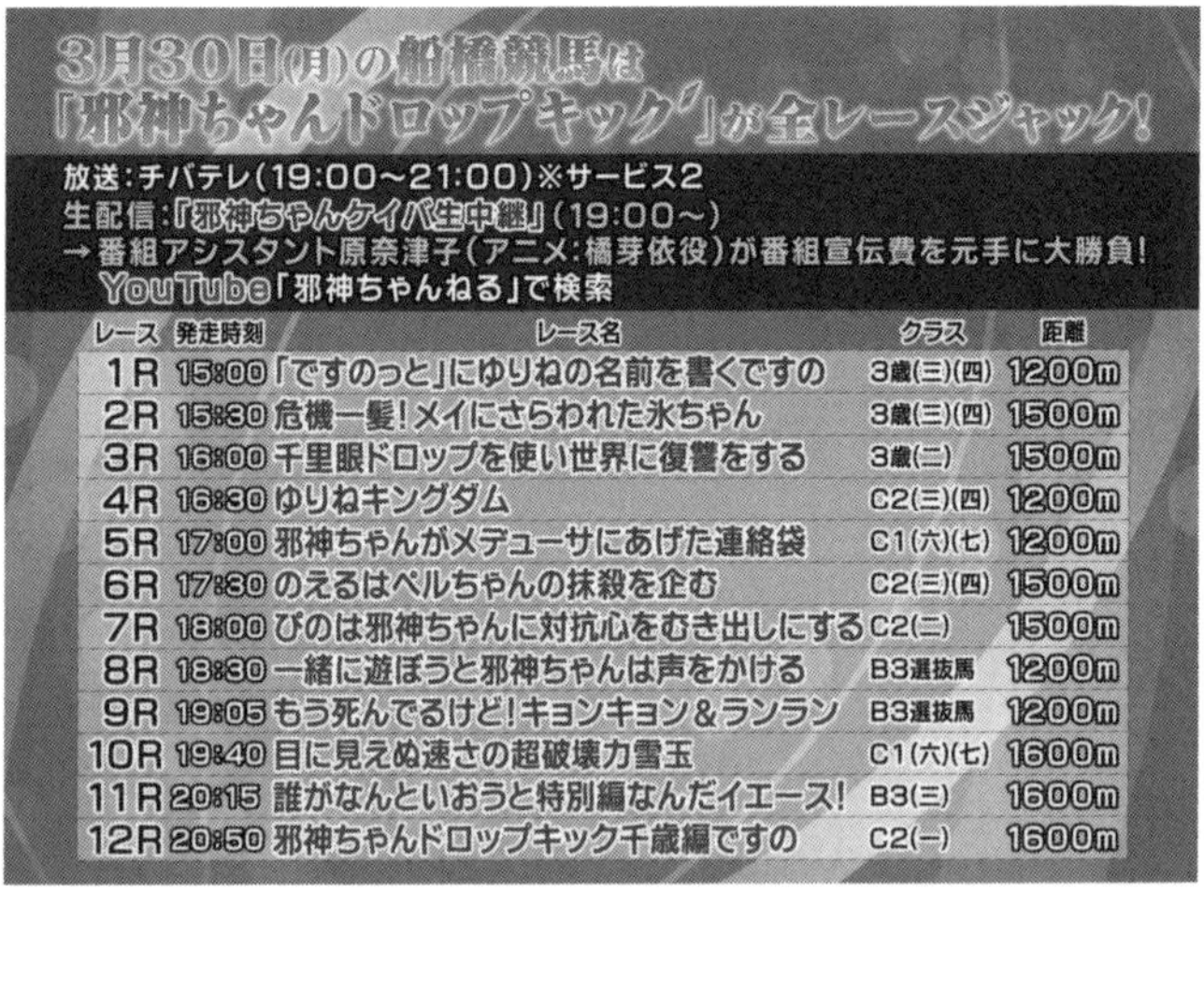
3月30日(月)の船橋競馬は
「邪神ちゃんドロップキック′」が全レースジャック!

放送:チバテレ(19:00~21:00)※サービス2
生配信:『邪神ちゃんケイバ生中継』(19:00~)
→番組アシスタント原奈津子(アニメ:橘芽依役)が番組宣伝費を元手に大勝負!
YouTube「邪神ちゃんねる」で検索

レース	発走時刻	レース名	クラス	距離
1R	15:00	「ですのっと」にゆりねの名前を書くですの	3歳(三)(四)	1200m
2R	15:30	危機一髪!メイにさらわれた氷ちゃん	3歳(三)(四)	1500m
3R	16:00	千里眼ドロップを使い世界に復讐をする	3歳(二)	1500m
4R	16:30	ゆりねキングダム	C2(三)(四)	1200m
5R	17:00	邪神ちゃんがメデューサにあげた連絡袋	C1(六)(七)	1200m
6R	17:30	のえるはペルちゃんの抹殺を企む	C2(三)(四)	1500m
7R	18:00	ぴのは邪神ちゃんに対抗心をむき出しにする	C2(二)	1500m
8R	18:30	一緒に遊ぼうと邪神ちゃんは声をかける	B3選抜馬	1200m
9R	19:05	もう死んでるけど!キョンキョン&ランラン	B3選抜馬	1200m
10R	19:40	目に見えぬ速さの超破壊力雪玉	C1(六)(七)	1600m
11R	20:15	誰がなんといおうと特別編なんだイエース!	B3(三)	1600m
12R	20:50	邪神ちゃんドロップキック千歳編ですの	C2(一)	1600m

・宣伝費で馬券を買い、全てを失う

2020年3月、せっかく船橋ケイバを全レースジャックするわけですから、このニュースを多くの人に広めなくてはなりません。2期開始まで時間もなく、宣伝費もいよいよ底をついてきたところで私は考えました。

そうだ、宣伝費で馬券を買ってお金を増やそう！

なぜなら原奈津子（橘芽依役）さんは競馬番組のレギュラーを務め、ご自分でもたくさん万馬券を当てている競馬大好き声優なのです。1万円の馬券が万馬券になって100万円になればもっとたくさん宣伝できますし、10万円かけて1000万円になったら追加で1話作れるかもしれません。

私は製作委員会のお財布から10万円を引き出し、それを原奈津子さんに託しました。普段100円単位でお金を賭けるのに、いきなり10万円を渡されて手が震える原さん。

結果は残念でしたけど、「邪神ちゃん公式、今度は宣伝費で馬券を買う」は大きな話題になりました。

この施策が優れているところは、邪神ちゃん公式は10万円を失ってしまいましたがそのお金はコラボ先の船橋ケイバさんの収益となりましたのでなんと実質0円です。

・神社に邪神を持ち込む

邪神ちゃんは邪神なのになぜか江戸総鎮守である神田明神によくお世話になっています。神田明神は有名アニメの舞台として描かれたり、ショップでアニメコラボグッズを販売していたり、併設されているホールでアニメイベントが行われたり、数ある神社仏閣の中ではかなりアニメ寄りな神社として知られています。

特に例年8月に行われる「神田明神納涼祭り」は境内に設置されたやぐらを囲んでアニソン盆踊りが行われるなど、アニメファンにとって嬉しい内容となっており、毎年4万人以上が来訪する人気のイベントです。

そのお祭りに初めて邪神ちゃんが参加したのは２０１９年で、アニメ本編で遊佐・氷ちゃんという氷族のキャラクターが、かき氷の屋台を出すシーンを再現しようとしたことに始まります。

この時は宣伝プロデューサーの私と原作編集担当の石川さんがかき氷を作り、浴衣で登場した声優の荒浪和沙（遊佐役）さんと寺田御子（氷ちゃん役）さんに直接ファンの皆さんにかき氷を手渡して頂きました。**アニメのプロデューサーや原作の編集担当がかき氷を作ることも声優さんが売り子を務めることも他の作品ではあり得ない**のですが、さらにこの時は販売方法もチンチロリンかき氷という特殊な提供方法を行っています。

このゲームは串揚げのお店でハイボールを注文する時に挑戦するのと同じもので、お客さんは1杯５００円のかき氷を購入する時に邪神ちゃん茶碗に2つのサイコロを投げ込むことができ、ゾロ目なら無料、偶数なら半額の２５０円、奇数なら１０００円で2倍のメガかき氷になるというものです。

この企画に参加するためにたくさんのファンの方が炎天下の中で行列を作ってくれたのですが、待ち時間があまりにも暑かったせいか、それとも声優さんと遊べることが楽しかったせいかはわかりませんが、なぜかゾロ目が出ても、偶数が出ても多くの人が「メガでお願いします！」と申し出て下さって、アニメ作中では決して繁盛することのなかった氷姉妹のお店は大変繁盛したのでした。

・1杯1500円のかき氷を売る

チンチロかき氷で氷姉妹が大活躍してからしばらくの間、コロナが流行してしまいイベントは開催されませんでしたが、2023年夏に再び神田明神でかき氷を販売するチャンスが訪れます。昨年の出店状況をチェックしたところ、なんとかき氷店は7店舗ほどありいずれも600円くらいの価格帯でかき氷を提供していました。

この環境に同じようなかき氷を供給したとしても、きっと埋もれてしまうでしょう。だからといってコラボスイーツとしての「邪神ちゃんかき氷」を提供しても、来場者4万人のうち邪神ちゃんコラボ商品を欲しがる人はごくわずかであり、ほとんど全ての来場者には関係のない商品となってしまいます。

そこで私は以前からコラボ商品の「邪神ちゃんスイーツ」でお世話になっているスイーツ店のカンパニュールさんに相談をし、プロのかき氷店で販売されている高級かき氷を企画してほしいというお願いをしました。なぜなら、消費者心理学で有名な**ジャムの法則**「選択肢が多ければ多いほど、顧客の購買意欲は低下する」から考えても、他と同様の選択肢

を用意することは適切ではありませんし、何より来場者の皆さんの気持ちを考えた場合、きっとコロナ後の久しぶりのお祭りをとても楽しみにしている状態であれば、2杯は食べないであろうかき氷を選ぶ時、値段で判断するよりは「より良い体験」「写真映えしやすい」「人に言いたくなる」などの話題性を重視するだろうと考えたからです。

こうして生まれた邪神ちゃんとはほぼ関係ない「日本一濃いいちごかき氷」は、なんと1杯1500円！　その代わり、1杯につきいちご1パックを丸ごと使った超高級かき氷が誕生したのです。すごく値段が高いということは本来は弱みとなるはずなのですが、お祭りのこの場では他との差異を生むために役立ちます。

その甲斐あってこのかき氷はテレビ局の目に留まり、情報番組でピックアップしてもらったことをきっかけにブレイク。開店時間中行列が途切れることのない人気商品として3000杯を売り上げたのでした。

COLUMN

かき氷3000杯伝説

カンパニュール店長　高坂隆宏

最初「ドロップキックかき氷」というすいかの皮を邪神ちゃんの尻尾に見立て赤いシロップをかける、普通のコラボかき氷を試作したのですが、柳瀬さんから「こういうのじゃなくてプロが作る本気のかき氷で他のお店を圧倒してください」と言われてしまって…。

それならとことんやってやろうと考え、**氷1トンといちご２００kg**を準備したんです。どちらも保存がきかないのでお店としてはものすごいリスクなんですが、これだけの覚悟を持って参戦したお店はなかったみたいで、初日・2日目と大行列ができ、あっという間に準備していた材料がなくなってしまったんです。

その時に私はちょっとばかり調子に乗ってしまい、追加で**氷１・５トンといちご３００kgを調達**したんですね。そうしたらなんと3日目に台風が直撃して客足がピタリと止まってしまって！　そのとき助けてくれたのが邪教徒の皆さんだったんです。夕方天気が落ち着いてくるとすぐに来店してたくさんのかき氷を注文してくれただけではなく、こちらのピンチを察知して、いつもはシャイな皆さんが協力して大きな声で呼び込みを行ったり、光るペンライトを赤く光らせて、交通誘導さながらの列整形を手伝ってくれました。

こうして見事かき氷は完売。４日間で３０００杯を売り切ることに成功しました！　あれは邪神ちゃんならではのファンの結束力を間近で体感できる、まさに最高の「お祭り」だったと思います。

・邪神ちゃん盆踊りを作る

私は昭和生まれの千葉県育ちです。昭和後期、関東近郊のベッドタウンではどこのまちでも盆踊り大会が行われていました。その時耳にしていたのは「東京音頭」や「炭坑節」といった一般曲に加え、子どもたちをターゲットとした「アラレちゃん音頭」や「ドラえもん音頭」などが定番曲でした。

先日、実に30年ぶりくらいにコロナ後に小さく復活したまちの盆踊り大会に参加したところ、驚くべきことにまだ「ドラえもん音頭」が流れており、もちろん歌は旧ドラこと大山のぶ代さんの声でした。使用しているメディアはカセットテープなのかＣＤなのかわかりませんがすっかり劣化してぼんやりした音になっていて、昔を懐かしんでちょっとセンチメンタルな気持ちになったことを覚えています。

私が驚いたのは、なんと言ってもそのコンテンツの不滅ぶりで、おそらくこれはライセンサーのコントロールからは離れてしまっているのだと思いますが、こうした「**はぐれコンテンツ**」が四半世紀以上も生き残っている事実から、永続を望む邪神ちゃんは学ぶことがあるのではないかと考えたのです。

私はチームのメンバーに「2024年6月の邪神ちゃんフェス2に向けて邪神ちゃん音頭を作りたいんだけど」ということを告げ、制作されたのが「邪神ちゃん音頭」です。作詞はアニメ邪神ちゃんの脚本家である筆安一幸さん、作曲はメジャーなアニソン曲で有名な立花綾香さん、そして歌唱は民謡コンクールグランプリの邪神ちゃん役の鈴木愛奈さんです。

邪神ちゃんフェス2では会場の真ん中に大きなやぐらが用意され、**声優が「邪神ちゃん音頭」を生歌唱するのに合わせてファンと作り手とコスプレイヤーと着ぐるみが踊り歩く名状しがたいイベント**となりました。

大変ありがたいことに、毎年4万人以上が訪れる神田明神の夏の風物詩「神田明神納涼祭り」のアニソン盆踊りに、この邪神ちゃん音頭が採用されることになりましたので、これから数十年経ったのちに、アニメ邪神ちゃんの活動が止まってしまったとしても、せめて曲だけでも生き残っていてくれたら嬉しいですね。

撮影：小玉春樹

・身の丈に合わない発表会をやる

その当時邪神ちゃん製作委員会は騒然としていました。なぜなら２０２０年10月に行われる3期の発表会に、帯広市・釧路市・富良野市・南島原市の市長さんが登壇するということが決まってしまったからです。

自治体の首《くび》長《ちょう》が4人集まるアニメの発表会なんて前代未聞すぎます。

邪神ちゃんチームからは鈴木愛奈さん・大森日雅さん、製作総指揮の夏目公一朗さんをお呼びしたほか、邪神ちゃんを応援してくれるコラボ企業の社長さんたちにも登壇をして頂くことになりました。

普段邪神ちゃんが配信の企画を行う時はなるべく安い配信スタジオを借りるようにしているのですが、さすがにこのメンバーを秋葉原の雑居ビルにお呼びするわけにはいかず、今回ここはお金をかけるべきところだと考えた私は、思い切って東京ミッドタウンの大きな広間を借りることにしました。

邪神ちゃんのくせに**なんて身の丈知らず！**

当時私が一番恐怖していたのは、これだけ豪華な会場とゲストを準備しておきながら**誰**

も取材に来てくれなかったらどうしよう?!　ということです。私はこの恐怖をモチベーションとして、1ヶ月かけて普段は接する機会の少ないテレビ、新聞を中心とするマスメディアにお声がけを行っていきました。

　こうして迎えた発表会当日、なんと集まった媒体社は30社以上！　惜しむらくはこの時期はコロナが厳しく、ファンの皆さんを現地にお呼びできなかったことだけが心残りではありましたが、それでも間違いなく邪神ちゃん史上最大の注目が集まる発表会となり、作品が一回り大きくなった様子を肌で実感することができました。

　この発表会の勝因は、アニメとコラボしたいという自治体さんのニーズと、それを受けてアニメ側が用意した発表の場がうまく噛み合ったことにあると思います。詳しく説明しますと、市長さんが公の場に現れてまちのＰＲを行うということは決しておかしなことではありません。しかし市長さんがアニメイベントの現場に現れるということはとても変わったことです。また、アニメ側から見た場合、アニメの発表会に声優さんが登場することはおかしなことではありません。しかし発表会が東京ミッドタウンで行われ、そこに市長さんが来ることは普通ではありません。

このように、一般メディアの方から見ても、アニメメディアの方から見ても差異が生まれている状態を作ることができたということになります。この発表会の様子はいつもお世話になっているアニメメディアにピックアップしてもらっただけではなく、翌朝の新聞への掲載、そしてなんとこの発表会の様子は**のちにＮＨＫで流れることになります。**

・台風に逆ギレする

２０２２年８月13日はお盆ということもあり誰もがお休みしやすいハイシーズン。アニメ業界はイベント制作で最も忙しくなる時期の一つです。邪神ちゃんも神田明神のホールを貸し切って、声優、アーティスト、ファンの皆さんと共に楽しく夏を過ごす「邪神ちゃんドロップキック 天使の納涼祭」を企画していました。

「邪神なのに神社でイベントやるってどうなの」「バチが当たるかもね」などと冗談を言いながら準備を進めて迎えた13日朝。**なんとイベントに来てくれた最初のお客さんは今シーズン最強の台風８号メアリーさんでした。**

激しい雨と強烈な暴風。交通機関は乱れ、多くのアニメイベントが開催中止を発表していきました。ここでイベントを中止しても誰も怒らないし、何も不思議ではない。そういう空気が醸成されていましたので、普通ならば他のイベント同様に「8月13日（土）に開催を予定しておりました邪神ちゃんドロップキック 天使の納涼祭は大型の台風の接近が予測されており、お客様の安全を考慮いたしました結果やむなく中止とさせて頂きます」という定形文を出すべきなのでしょう。

しかしその場合、準備してきたコンテンツは全て無駄になりますし、チケット代は全額返金するので経済的には大打撃です。交通機関が止まっているわけではないので、無理をしてイベントを強行すればすでに販売済みのチケットの売上は担保されますので赤字にはなりませんが、それではファンの皆さんを危険な目に遭わせてしまうかもしれません。

結局邪神ちゃんチームが出した結論は「**チケット代は全額返金する**」「**100万円以上の赤字を覚悟する**」「**イベントは予定通り開催し、本来有料のイベントを全て無料でオンライン配信する**」というものでした。

どうせ赤字になるなら1人でも多くの人に観てもらいたいですから、イベント名を「天使の納涼祭」から「**おのれ台風！ 天使のオンライン納涼祭**」に変更し、大赤字なのでやけっぱちで配信しているということを明言しました。また、射的コーナーでは視聴者の方のスパチャ100ドル（約1・3万円）をしてくれると、声優さんが射的に使えるコルク弾が増えるのでますます番組が賑やかになるというルールに変更をするなどの工夫も行い、オンラインでも参加できる楽しみを増やしていきました。

これは当時想像をしていなかったことなのですが、この日は台風で多くの人が家から出ることができなかったので、家の中でYouTubeでも観て過ごそうという需要が高かったようです。そのせいもあってか、このイベントの様子は本編とダイジェストを合わせて30万回も視聴されることになり、今まで邪神ちゃんを知らなかった人にも大きく認知が拡大したほか、**頂いたスパチャはおよそ60万円。**視聴回数に応じた広告収益分配と合わせるとかなり赤字を軽減できる成果を得ることができたのでした。

あの時周囲と同じく「やらない」と判断することは簡単にできたと思いますが、**周囲が同じ行動を取ることがわかっている時は差異を生むチャンス**だと考えることもできます。どんなピンチの時も諦めず、より良い一手を考え抜いていく大切さを知った出来事でした。

・転売ヤーよりも安くメルカリする

2023年夏。「コミックマーケット102」マルイブースの目玉は「邪神ちゃんレジ」で、これはお客さんが**ディスプレイに表示されたバーチャル邪神ちゃんに向かって声で注文をすると、ディスプレイの下に設置された邪神ちゃんの尻尾（物理）を使って商品を渡してくれる**という最新のテクノロジーを駆使した体験型の企画です。

イベントが終わった日の夜、私はこの企画で使用した非売品のショッパー（大きめの紙袋）がメルカリで高値で取引されているということを知りました。

アニメ業界でも「転売ヤー」の存在はよく話題になります。転売するのが悪いとか、買う人がいるのが悪いとか、商品を提供する側が適切な値段で十分に提供できていないのが悪いとか、考え方は人それぞれです。

私のスタンスは明確で、邪神ちゃんに関しては作品を作るのにはお金が必要で、そのお金をファンの方が出してくれています。つまり**両者は協力して作品を創っている**という循環の関係にあるのですが、その外側にいる転売ヤーさんにお金が流れていくことは**作品の延命に1円も効かないのでよろしくないなと考えています。**

ですから自分たちが作った商品、例えばクラウドファンディング限定のＣＤ「神保町哀歌」にプレミアが付いて1枚35，000円で売買されている様子を見ると、そこまで価値があると思われることをちょっと誇らしく思いながらも、作品の寿命が縮んでいっているような気がして複雑な気持ちになります。

さて、そんな心持ちでしたので、私はメルカリに出品されているショッパーを見た時、このままの状態をスルーするのではなく自ら転売市場に介入していこうと決めました。この施策の狙いは2つあります。1つは転売相場を崩すこと。もう1つは注目を集めることで転売ヤーの皆さんに「邪神ちゃんはいじってはいけないＩＰ」という印象を与えることです。

こうすることで、邪神ちゃんは儲からない上リスクが高いＩＰということを認知させることができれば、先ほどのサイクルからお金が漏出することを防げるはずです。

私はメルカリで商品を売ったことがなかったので、優れた販売方法がわかりませんでしたので、**その道のプロである転売ヤーさんの写真やテキストといった掲載内容を丸パクリし、金額だけを半分にして同じような商品を大量に出品しました。**それらのショッパーはすぐに売り切れてしまいましたが、思惑通りそれ以降ショッパーを販売する人はいなくなりました。

なお、この話には続きがあります。邪神ちゃんは作中で**燃えるゴミをフリマアプリで販売し、お金を儲けて調子に乗る**という描写があります。せっかくなのでこれにかこつけて、イベントで使用した不要なものを売ってみようと考え、お客さんに商品を渡すために使っていた邪神ちゃんレジの尻尾を「良質のゴミです」と書いて出品してみました。

なんとそれはわずか30秒で売れたのですが、**不適切な商品を出品したとしてたちどころに運営からBANされてしまいました。**これら一連の流れが非常に邪神ちゃんらしく、ネットでは大きな話題となりました。

なお、幸い私はこの時の邪神ちゃんの尻尾の購入者の方がTwitterで嘆いているのを発見できたので、尻尾は後日無料で発送されています。

・遠征は「あごあしまくら」がネック

「地域格差反対！うちの地元でもイベントやって！」と言われることがありますが、

意外と邪神ちゃんは地方イベントをやっています。いや、むしろ断然やっている方です。一番積極的に活動していたのはコロナ前2期の頃で、日本中のファンにお届けしたいと思っていろんなアニメイベント、ポップカルチャーイベントにお邪魔していました。

しかし実際のところこれらの全てが赤字になっており、ただでさえ少ない宣伝費をどんどん圧迫していきました。

それもそのはずで、普段のイベント制作費に加えてキャスト、マネージャー、ステージスタッフ、物販スタッフそれぞれが飛行機や新幹線で移動して宿泊するので、**あごあしまくら**が馬鹿にならない金額となるのです。

あご・あし・まくらとはテレビ業界で使われる用語で、あごが食事代、あしが交通費、まくらが宿泊代を表します。特に厳しいのがあしとまくらで、ハイシーズンは飛行機も宿もお値段が高く、困ったことにイベントが行われるのは決まってハイシーズンなのです。

一番辛かったのは全国から北海道に数万人の人々を呼び込むアーティスト「嵐」のコンサートと重なってしまった「北サバト」です。年間を通しても最もお値段が高い水準となっている中、歌唱ステージを作るため普段以上にたくさんの人材を東京から移動させたところ、後日制作会社さんから送られてきた請求書を見た私は「**あごあしまくら、ステージ**

邪神ちゃんが実施・参加した地方イベント

時期	エリア	イベント名
2018年5月	栃木	とちてれ☆アニメフェスタ！ 2018
2018年10月	香川	香川ファイブアローズホーム開幕戦
2019年5月	栃木	とちてれ☆アニメフェスタ！ 2019
2019年5月	愛知	メイぺこバースデーサバト＆バスツアー
2019年7月	宮城	仙台サバト(ミニ)
2019年8月	福岡	博多サバトfeaturing 山田麻莉奈
2019年9月	長野	アニエラフェスタ2019
2019年10月	宮城	仙台アニメフェス2019
2019年10月	宮城	仙台サバト(ミドル)
2019年10月	宮城	仙台サバト(キョンシー)
2019年11月	北海道	北サバト
2019年11月	福岡	北九州ポップカルチャーフェスティバル2019
2020年11月	北海道	邪神ちゃんばんえい競馬
2020年11月	北海道	邪神ちゃんボウリング大会@帯広
2020年12月	大阪	舞台邪神ちゃんドロップキック
2021年12月	大阪	舞台邪神ちゃんドロップキック(再演)
2022年5月	栃木	とちてれ☆アニメフェスタ！ 2022
2022年9月	北海道	邪神ちゃんばんえい競馬
2022年9月	北海道	釧路スタジオ2
2022年9月	長野	アニエラフェスタ2022
2022年10月	徳島	マチアソビvol.25

制作費上回ってるじゃん！」と叫んで泡を吹いて倒れることになりました。

・邪神ちゃんインパクト発進！

まずはこちらの写真をご覧ください。これは「**邪神ちゃんインパクト**」です。テーマパークやイベントなどで見かけるこのタイプのキャラクターが来場者に大人気であることに疑いはありません。読者の皆さんも一度は並んで写真を撮ったことがあるのではないでしょうか。

我々はフィクションを創っていくことを仕事としているため、あえて邪神ちゃんインパクトが着ぐるみであるとは言いませんが、一般論として着ぐるみ製作についてお話しをしますと、着ぐるみは頭だけが大きいが「人間の等身に近いもの」と「2・5等身くらいのもの」に分類できます。そして「2・5等身くらいのもの」は空気で膨らませているものと、立体的に作られているものに分類できます。製作コストは安くて50万円、高ければ数百万円といったレンジで、パーツの少ないシンプルなキャラクターと比べて作り込みが必要であればあるほど値段が高くなっていきます。

邪神ちゃんインパクトあらわる！

また、製作コストのみならず運用コストも大きく、人間の等身に近いもの、もしくは空気で膨らませるタイプのものは保管したり輸送したりすることが容易にできますが、立体的に作られているものは大変に場所を食うのでたくさんのお金がかかります。このことから着ぐるみは使い捨ての宣伝物というよりは資産、もしくは設備として捉えることができます。

邪神ちゃんもいつかはこういうものを作りたいという夢はありましたが、作品はアニメ3期で終わる可能性が濃厚でしたので、あえて手離れの悪いものを作ろうとはしませんでした。逆を言うならば、着ぐるみを出してくるアニメは長くやるつもりです。**1期のファイナルイベントで着ぐるみが登場する作品を見たら、ああ続編製作決まってるんだなーと推測して間違いありません。**ごたぶんにもれず、我々もついにこれを作ろうと決めたのは、クラウドファンディング第4弾が成功し次のシリーズに向けて動き出すことが確定したからです。

しかし、邪神ちゃん着ぐるみ（仮）をどのくらいの予算をかけて、どのようなものを作るかについては、チーム内で意見が真っ二つに割れてしまいました。私は1体だけを作るよりも予備を含めて複数を安く作り、壊れてしまったら交換するという消耗型の運用を考えましたが、これに対し大手ライセンス会社で働いていたメンバーは徹底的に良いものを1体だけ作るべきと強く主張。ものすごく立派な実績を持つ製作会社から見積もりを取ってきました。

立体的に作られている「2・5等身くらいのもの」で、なおかつパーツが多い邪神ちゃん着ぐるみ（仮）は決して安いものではありませんが、完成図に描かれたねんどろいど邪神ちゃんがそのまま巨大化したような柔らかいフォルムはあまりにも魅力的で、こんなものがイベント会場を練り歩いたらみんな好きになってしまう！　と確信できるものでした。

我々はクラウドファンディングで預かったお金をここに投資すべきだと判断。それから約半年の製作期間を経て完成した邪神ちゃん着ぐるみ（仮）は2023年10月に錦糸町マルイのエントランスステージに初めて登場しました。

邪神ちゃんインパクトの入場です！

掛け声とともにステージに噴射された大量のスモークは**先日メルカリでショッパーを売って稼いだポイントで購入したケムリマシンを使っています。**立ち上るスモークの向こうから出現したのは、かの「ミクダヨー」を彷彿とさせる、かわいいながらも見る者を不安にさせる異様な雰囲気をまとった邪神ちゃん。謎の技術でスイスイとリニア移

	人間の等身に近い	2.5等身くらい	
		空気で膨らませる	立体的
製作費	マスクのみなら安い	高い	とても高い
保管	容易	容易	困難

動し、尻尾がちぎれ、なおかつちぎれた尻尾はビクビク動くという、そのギミックはファンの皆さんの心に大きなインパクトを与えました。

こうして登場した「邪神ちゃんインパクト」はファンの皆さんの心をガッチリと掴み、大人から子どもまでみんなが一緒に写真を撮りたくなる存在として大活躍しています。

・東京大学で講演する

邪神ちゃんは東京大学で「邪神ちゃんマーケティング」という講演会・セミナーを不定期に開催しています。なぜ東京大学を使うことができるかというと、私が大学院に在籍しているので**営利目的でない知的なイベントなら場所を借りることができるのです。**アニメが大学の学園祭でプロモーション活動を行うことは珍しくありません。私自身アニメ『理系が恋に落ちたので証明してみた。』の宣伝の一環として、東京大学や埼玉大学の学園祭で声優さんをお招きするステージ企画を行ったことはありましたし、今も他の作品で学園祭企画を検討しています。

これに対して「邪神ちゃんマーケティング」は学園祭のようなハレの場とは一切関係なく、東大の福武ホールという場所で平日の夕方に行われる学生・ビジネスマン向けの知的好奇心をくすぐる参加型企画であるという点が他の作品にはない特徴です。

2023年10月に行われた第1回は「**邪神ちゃんの宣伝はなぜああなのか?**」という問いを立て、みんなでその答えを明らかにしていくという内容でした。現地、オンライン合わせて750人の方が参加する盛況なイベントとなりました。イベントは前半と後半に分かれており、前半では私が戦後の「哲学・思想」「メディア・宣伝・PR」「日本アニメ史」についてプレゼンテーションを行い、どうして邪神ちゃんという作品が世に生まれたのかということを明らかにしました。

かいつまんで説明をしますと、ポストモダンと呼ばれる現代では価値観の多様化と細分化が進み「邪神ちゃんみたいなダメな子がいてもOK」という世界観になりました。そんな現代社会にはたくさんの宣伝物が溢れていますが、広告主が伝えたいことを伝えるテレビCMのような「宣伝・広告」と、包み隠さず伝えていくニュースのような「広報・PR」は別のものです。日本のアニメは戦時中はプロパガンダとして国を「宣伝・広告」するものでしたし、戦後は『鉄腕アトム』が明治製菓の販売促進を目指したように何らかの商品を「宣伝・広告」する存在でした。

ところが近年アニメ作品が激増したことで本来宣伝物であるはずのアニメは、自らを宣伝しないと観てもらえないようになってしまいました。多くの作品は宣伝費を使って「宣伝・広告」を行っていきますが、邪神ちゃんはお金がないのでお金がかからないSNS

を頑張ったり、広告媒体を買うのではなくニュースそのものを生み出していく「広報・ＰＲ型」のマーケティングに注力したりしますし、アニメ本来の何かを宣伝してあげるという強みを生かして様々な自治体を応援するようになったのです。

以上、簡単ですが「邪神ちゃんの宣伝はなぜあんなのか？」について説明しました。そして後半では、来場者の皆さんが邪神ちゃんの宣伝プロデューサーになったとして、限りある予算を使ってどのように他の作品との差異を生んでいくのかということを発表して頂き、その後答え合わせとして邪神ちゃんの過去の宣伝施策を振り返ってみました。

前半のお話については本書のプロモーションのために制作して配布した「邪神ちゃんマーケティング【同人版】」に詳細を記載しましたので、ご興味がある方はどこかで入手してご覧下さい。

２０２４年2月に行われた第2回は、現地参加のみのグループワークを中心とした参加型企画です。参加者には予め以下の話題のうちどれに最も興味があるかをヒアリングし、現地では同じ興味同士の人たちでグループを作ってもらいました。

お話テーマ　・ＡＩイラストの是非
・転売の是非

・AIキャラクターの魅力
・メタバースはなぜ来ないか
・違法アップロードとの向き合い
・電子書籍と物理書籍どちら派？
・現代思想とVTuber
・アニメビジネス異常あり
・ゲーム市場ゲームがゲームチェンジ
・声優とアイドルと地下アイドル
・ボカロと音声合成ソフト
・メジャーJ－POPとアニソン
・コスプレの魅力

いずれの話題も個別にイベントを設計できるほどキャッチーで、なおかつ全ての話題が邪神ちゃんと関係のある内容をピックアップしています。それぞれのグループにはディスカッション開始時に封筒が渡されます。封筒の中には「課題カード」が入っており、その課題についてグループでディスカッションをしてもらい、その後にグループごとに発表をしてもらうという形式を取りました。

例えば「現代思想とVTuber」チームであれば以下のような文言が書かれたカードが入っています。

今は2034年です。あなたはVTuberのミシェルが大好きで、毎日配信を楽しんでもう10年になります。今日はデビュー10周年。ミシェルは言いました。

「今日は皆さんに告白したいことがあります。ミシェルの中の人は1年前に亡くなっており、今のミシェルは彼女の9年間の発言を基に生成されたAIミシェルです」

あなたは中の方が亡くなっていたことよりも、自分が話していた相手がAIであることに全く気がつかなかったことにとても驚きました。

あなたはこれからもミシェルを愛することができますか？　その理由は何ですか？

普通のアニメイベントだと思って現地に来た方の都合などお構いなしに突然始まるグループディスカッション。多くの参加者は面食らっていましたが、私は一方的に座学を聞くよりも自分が参加者となって周りと話し合いを行った方が絶対に得るものがあると思っています。

COLUMN

誰がこの旧体制をぶち壊すのか？

開沼博（東京大学准教授）

「エネルギーとエレクトロニクスの東芝がお送りいたします」というフレーズを覚えている人はいまも日本に一定数いるでしょう。しかし２０１８年、東芝はサザエさんのスポンサーから抜けて現在はAmazonが新規参入をしています。

戦後、創意工夫によって安価・高品質を実現した日本の家電は国内外のマーケットを席巻していました。エネルギー＝発電のためのプラントメーカーでもある東芝は、エレクトロニクス・家電他全てを担い、他国がそれに依存していたのです。ニューヨークのニューイヤーカウントダウンで有名なタイムズスクエアの最も良い場所に、東芝はやはり２０１８年まで巨大看板を掲げていたほどです。

でも、身の回りをみて下さい。いまや我々はアメリカ企業のプラットフォームがないと何もできず、ハードは中華圏、東南アジアに依存しています。かつて資源はないけど「工夫」の力でのし上がった日本は、いま完全に右肩下がりです。当時のやり方が上手くいきすぎたゆえに、新しいやり方に移行できていない。アイディアも出せない空気がある。誰がこの旧体制をぶち壊すのか。

これは、学術的にも、最先端の問いであり、政治・経済・文化・国際関係その他もろもろの領域を越境する課題です。邪神ちゃんは、ただのアニメではない。一つの新時代のモデルを実験的に構築し続けるインキュベータ（孵卵器）です。イベント・SNS・シティプロモーション・思想哲学etc。無数の手法の複合から何が生まれるのか。ここには未来があります。

・アニメロサマーライブに爪痕を残す

アニサマは、2005年から毎年開催されている世界最大のアニメソングライブイベントで、アニメに関わる多くの人たちがこの舞台に出演することを心から願っています。アニメに詳しくない人には**アニメの世界の紅白歌合戦みたいなものです**と言うとよく納得してくれます。

邪神ちゃんもずっと前から出演したいと思っていましたが、秋葉原の雑居ビルで50キャパでイベントをやっている作品にお声がかかるわけはありません。しかし、２０２３年、ネットで大きな話題となった邪神ちゃんに対してついにオファーを頂くことができました。

アニサマの統括プロデューサーである齋藤Ｐさんによると、アニサマはこれだけ大きなイベントになってもなお、世間からは他の音楽フェスと比べると一段下に見られているとのことで、常に自分はそこに対する挑戦者だと思っているとのこと。

初音ミクも同じですが、どれだけメジャーになってもなおその座に甘んじることなく常に自分を弱者と捉えて一層上を目指していくスタンスです。

アニサマはアニソン界のトップアーティストたちが集まる厳粛で神聖な場です。きっと邪神ちゃんは他の出演者にも名前が知られていませんから、アーティスト紹介ページには**「念願叶ってアニサマに出演することができて光栄です精一杯歌いますのでよろしくお願いいたします」**ということを発信するのがアニサマアーティストとしてのあるべき姿だと思うのですが、それでは他のアーティストと差異が生まれませんので

クラウドファンディングで1億円集めたり、違法アップロードより早く切り抜き配信をしたり、公式がメルカリで転売よりも早く販売したりするアニメ界の暴れん坊『邪神ちゃんドロップキック』がアニサマにＳＰユニットで参戦！　どのメンバーで乗り込むかは、

２０２４年６／１(土)＆２(日)に錦糸町のすみだ産業会館で開催される「邪神ちゃんフェス２」で発表するので、絶対に観に来るんですの！　宣伝ですの！

と記載し、プロデューサーからは長いアニサマの歴史の中でアーティストプロフィールを露骨な宣伝に使いやがったのは邪神ちゃんだけだ（褒め言葉）と言わしめました。

これに味を占めた私はおかわりとばかりに、パンフレットに記載される「アニメ・アニソン現場で『愛を送られている』『愛を受け取った』と思ったエピソード、出来事について教えてください」というインタビューには大きな文字で

お金を受け取ったとき

と記載しました。他のアーティストさんたちが絶対ハートフルな感動エピソードをたくさん披露して下さる中で、差異を描く方向に進むのが邪神ちゃんマーケティングです。

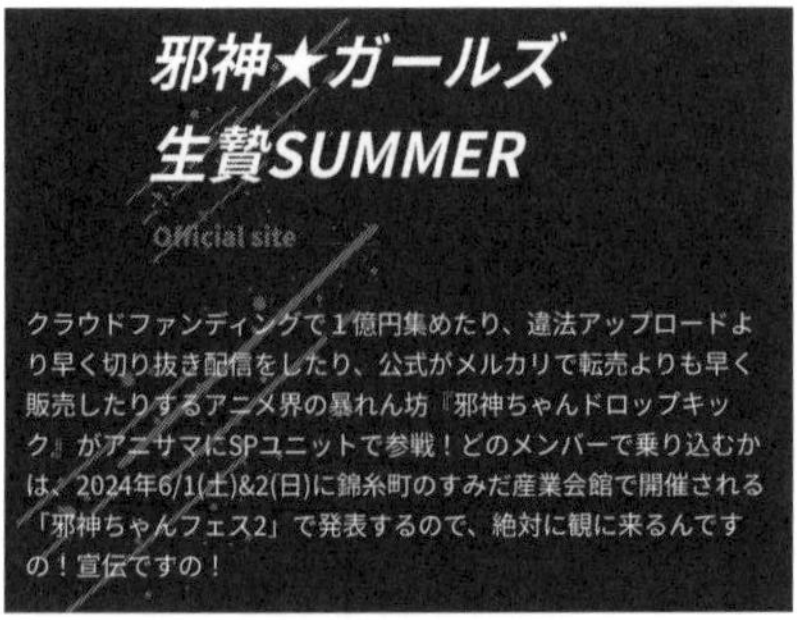
邪神★ガールズ
生贄SUMMER
Official site
クラウドファンディングで１億円集めたり、違法アップロードより早く切り抜き配信をしたり、公式がメルカリで転売よりも早く販売したりするアニメ界の暴れん坊『邪神ちゃんドロップキック』がアニサマにSPユニットで参戦！どのメンバーで乗り込むかは、2024年6/1(土)&2(日)に錦糸町のすみだ産業会館で開催される「邪神ちゃんフェス2」で発表するので、絶対に観に来るんですの！宣伝ですの！

COLUMN

日本で一番いい加減でロックで攻めてる委員会

齋藤P（アニメロサマーライブ統括プロデューサー＆総合演出）

『邪神ちゃんドロップキック』のプロモーション展開は当初から気になっていました。作品内容とも整合性のある「邪道」なやり口（実は緻密）、そのインディーズなスタンスにロック魂を感じていました。

コロナ禍の２０２１年、前年度の中止を経て、１／５以下の観客制限・マスク着用・歓声禁止の中、大赤字で断行したアニサマは、そんな不条理をドロップキックで現状打破をしたい！という気持ちを秘めていました。

ちょうどその年、ＯＰ曲を歌うｈａｌｃａさんがご出演したわけですが、そこで披露された「時としてバイオレンス／halca feat. 邪神ちゃん」では鈴木愛奈さんが邪神ちゃんとして召喚されハチャメチャにコラボする愉快なステージになりました。

柳瀬さんからアニメ映像をお借りする際、「自由に使っていいですよ」ということで全話分のデータを頂いたので、邪神ちゃんのドロップキックが失敗するシーンだけ繋ぎ合わせ監修も無しで進めました。

おそらく日本で一番いい加減でロックに攻めてるアニメ製作委員会（誉め言葉）だなと思った記憶があります。アニサマの出演者も全体を見ればカオスである方がアニメ文化の豊穣さを反映している側面もあるので、邪神ちゃんはまさに、良いスパイスになっていると思います。

邪神ちゃんマーケティングのまとめ

ここまで、アニメビジネスとアニメ宣伝について説明をし、その後テンプレ宣伝と邪神ちゃんマーケティングの差異を明らかにしてきました。よく私は「**それは邪神ちゃんだからできるのであって普通はできない**」「**施策は面白いけど再現性がない**」と言われることがありますが果たして本当にそうでしょうか。

私は最初にアニメビジネスとは何なのか、アニメ宣伝は何を目指しているのか、なぜ宣伝予算はこの金額なのかということを疑い、情報を集め、分析してその構造を理解するようにしました。

その結果、**アニメ宣伝はその構造上テンプレ宣伝になりがち**ということに気づいたので、それとは違うことをやって差異を生んでいこうと考えました。たまたま「何でもあり」な邪神ちゃんという作品と出会えたのは運が良かったですが、仮に作品が邪神ちゃんではなかったとしても差異を生むためにはどうしたらいいかを考えたと思います。

この、**宣伝は差異が全てであるという考え方は邪神ちゃんのためにあるものではなく、全ての人に広く開かれたものであり、邪神ちゃんでなくても差異は生めます。**

そして、その考え方に則って行った「邪神ちゃんマーケティング」の内容を要約するならば以下のようになります。


邪神ちゃんチームは「邪神ちゃんが生き残る」という共通の目標を達成するために、自分たちが弱者であることを認め、弱者であることの強みを生かそうと考えました。意思決定に関わるコストをメンバーが責任とリスクを負うことで圧縮し、強者に勝てる可能性があるソーシャルメディアを主戦場に選び、コンテンツボリュームの少なさをファンと共に創るというオープンソース戦略を選ぶことで解決しました。そして、リアルイベントをコミュニティづくりと話題性の獲得に用い、広告媒体を買うのではなくニュースそのものを生み出していく「広報・ＰＲ型」の宣伝に注力をしました。

新たなビジネスモデルの創出

ここまでアニメ宣伝について解説をしてきました。ここからはその枠組みを超えた新たなビジネスモデルの創出についてお話しをしていきます。

邪神ちゃんが最も大切にしていることは作品が長く続くことです。ここで言う「長く続く」とは、**長年にわたってファンの皆さんに作品が愛され、新たなコンテンツの供給が止まることなく経済活動が維持されている状態**を指します。生き物はＨＰがゼロになると死んでしまいますが、アニメ作品はお金が回らなくなったら活動が停止してしまいます。

ここまでテレビアニメ3期分の宣伝費を使って活動してきた邪神ちゃんは、3期が終わる頃にはすっかり宣伝費がなくなってしまいました。邪神ちゃんの同期である２０１８年夏アニメ約60作品のうち、アニメのコンテンツが今もなお供給され続けているケースはほとんどありません。

あるとするならばそれは続編が企画されているケース、原作であるゲームが好調であるケース、音楽・興行ビジネスが成功しているケースなどであり、邪神ちゃんのように**ろくに儲かってもいないのに活動が続いているのはレアケースというより異常**です。

それでは活動を止めてしまった作品はいずれもお金が稼げなくなったから活動を終了し

てしまったのかと言えばそんなことはありません。アニメを作る会社にとっては、それぞれの作品を他社と行う合同プロジェクトと捉えているので、放送が終了して新商品やイベントなどが落ち着いたタイミングでプロジェクトの棚卸しをするので、ちゃんと黒字を出している作品は「ちゃんと、儲かりました！」としてクロージングされます。

ここへ来て赤字続きの邪神ちゃんは、**宣伝費を上手に使い切るだけではだめで、お金を稼ぎ続けない限り長くは続かない**のだということに気づきます。

そもそも、作り手にとっても視聴者にとっても1つのアニメがずっと続く必要があるのでしょうか。

今のコンテンツ市場は激烈な可処分所得と可処分時間の奪い合いです。アニメのみならず、ゲームやマンガ、ＳＮＳや配信など、消費者の目とお財布を獲得するために、キャッチーで目新しい刺激が続々と市場に登場し目まぐるしくトレンドが移り変わる、大量生産・大量消費の世界です。アニメ市場は特にその傾向が顕著で、１クールごとに一斉に作品の入れ替えが行われます。とても悲しいことですが季節が変わると多くのアニメファンは前のクールの作品のことをすっかり忘れてしまいます。

この仕組みを変えることができない以上、この市場に挑む企業は１つの作品にこだわるよりも、時代に即した作品を次々と打ち出していった方がビジネスの勝率は上がるので、**結論を言うと1つのアニメがずっと続く必要はありません。**

むしろ鮭がたくさんの卵を産んで、そのうちいくつかが成魚になって戻って来ればその遺伝子を次代に引き継げるのと同じで、アニメを作る会社にとっては確実に作品をヒットさせる法則がないならば、**たくさんのコンテンツを作ってそのうちいくつかをヒットさせることで会社を維持していくことが最も合理的な生存戦略**であると言えます。ほとんどのアニメ作品が1期で終わり2期が出てこないこと、一部のヒット作だけが続編に恵まれることはまさにその証左と言えましょう。

とはいえ、頭では仕組みを理解していてもなお、1つの作品がずっと続いてほしいと願う作り手やファンもいます。ただ、それは市場・経済が求める動きではないので、**にもかかわらず「ずっと続く」ということを願うのであれば、それは「定められた運命に抗う」ということになります。**

もしそれを願うならば作り手もファンもただでは済みません。「続編はよ」と口を開けているだけで叶うことなどあり得ないのです。何せ1本3億円かかる上、しかもそれを次に繋がるヒット作にしないといけないんですから。

しかし私の場合はアニメビジネスをやりたいのではなく邪神ちゃんをやりたいので、1粒のイクラを成魚にするというハードモードに挑戦することにしました。ここから先は、アニメ宣伝の枠組みを離れて、邪神ちゃんが生き残るためにアニメビジネス以外の世界を参照し、それをアニメビジネスに当てはめることで実現してきたイノベーション、新たなお金の稼ぎ方、新たなビジネスモデルについて具体的に説明をしていきます。

フリーミアムモデル

・マルイとの出会い

コロナ以前から邪神ちゃんはリアルイベントに注力していましたが独立採算はできないままでした。イベント経費の中で何よりも大きいのが会場費で、毎回イベントの収支が明らかになるたびに私は「**我々は大家さんのために働いているのだ**」とつぶやいていたほどです。

この状況を大きく変えるきっかけとなったのがマルイさんとの出会いでした。首都圏を中心に百貨店やファッションビルを展開するマルイ。マルイは社内にアニメ事業部を持ち、年間５００作品以上のアニメとコラボしてイベント催事を行っています。また、自社で展開するクレジットカード「エポスカード」の普及のためにもアニメを活用しており、券面にアニメのキャラクターが描かれたエポスカードを多数発行しています。

マルイと邪神ちゃんの初めての出会いは2019年6月で、元々邪神ちゃんにお声がけがあったわけではなく、当時人気を誇っていた名作「ケムリクサ」のおまけとして、渋谷マルイ8Fイベントスペースの空いているところを埋めるために開催されたのが「邪神ちゃん展ミニ」でした。

それはとても小さな空間でしたが、邪神ちゃんにとっては初となる物販催事ということもあり、予想を上回るたくさんの人たちにご来店頂いたのを今でもよく覚えています。**あれ？　こんなに邪神ちゃんって集客力あるんだ**と少し驚きもしました。

・邪神ちゃんフリーミアムモデルの誕生

「邪神ちゃん展ミニ」をきっかけとしてお付き合いするようになった邪神ちゃんは「錦糸町丸井（現：錦糸町マルイ）をアニメで盛り上げたい」というご要望にお応えして東京

の墨田区錦糸町で活動を開始します。それまでの邪神ちゃんはリアルイベントを開催するために来場者からチケット代を頂き、そのお金を使って会場費を支払うというスタイルでやってきたのですが、今回は**建物の大家さんであるマルイさんから無料で場所を貸して頂き、その代わりに我々はファンの皆さんをお呼びしてグッズを買ってもらって売上に貢献する**という新しいモデルに挑戦しました。

これは基本無料のゲームアプリやストリーミングサービス、ストレージサービスなどを無料で使ってもらって気に入ったら課金してもらうやり方、２００９年にクリス・アンダーソンが提唱した**フリーミアムモデル**を参照しています。

邪神ちゃん展ミニで証明されたようにこの方法は有料モデルよりもたくさんのファンの方に来て頂けるので、錦糸町に来店を促進したいというニーズにも合致しています。

ここだけ見ると「無料の方が人が集まるのは当たり前だから、他のアニメも同じ方法でやればいいじゃない」と考える読者の方もいらっしゃるでしょう。しかし、集客力のある大手作品の場合、縁もゆかりもない錦糸町でいきなりイベントを開催するということに対して「なぜ新宿や渋谷、有楽町といった一等地ではないのか」という議論になってしまい、錦糸町でやるという判断はできません。

その点邪神ちゃんの場合は「**邪神ちゃんは競馬大好き、パチンコ大好き、サウナ大好き、だから錦糸町も大好き**」という持ち前のキャラクター性で違和感なくゴーサインを出すことができましたし、すぐに錦糸町店のお店の皆さんや近所のサウナのお店にもなじむことができたのでした。

・邪神ちゃん、クレジットカードになる

両者の関係に弾みをつけてくれたのはなんと言ってもマルイの主力事業の1つであるエポスカードの存在です。お金との関わりが非常に強いクレジットカードというものに対して、作品によってはブランド維持の観点から距離を取りたがるケースもあります。

しかし邪神ちゃんは元々お金が大好きで、友達であるメデューサからクレジットカードを受け取り暗証番号を聞き出したりしているほどですから、**今さらクレジットカードはNGと言うはずもなく（むしろ好き）**、エポスカードの新規発行に積極的に協力をするようになりました。

イベントではエポスカードを持っている人だけが受け取ることができる特典を作ったり、エポスカードを持っていると声優さんと会えるイベントで前の方に入れたり、露骨なエポスカード優遇をたくさん行っていきました。

普通ならばこういう施策を続けるとファンの皆さんからの信頼を失ってしまいかねないのですが、そんな懸念を一気に払拭する大事件が発生します。


なんと２０２３年3月、マルイさんは「邪神ちゃんドロップキックエポスカード」を発表。**『ワンピース』『エヴァンゲリオン』『ちいかわ』などの超一流IPに並んで「VISA」のマークが燦然と輝く『邪神ちゃんドロップキック』クレジットカードが発行されることになった**のです。

クレジットカードの券面になるための審査は非常に厳しく、発行枚数が見込めない弱小ＩＰがクレジットカードになる可能性はありません。その判断を覆したのはまさに、これまで行ってきた取り組みを嫌がらずに受け入れて楽しんでくれたファンの皆さんの活動が評価されたからに他なりません。

このカード発行を記念して２０２３年3月から5月まで足掛け2ヶ月間開催された「大邪神ちゃん展」は大成功し、大量の邪神ちゃんカードへの乗り換え、そして新規発行

が実現し、イベントのフィナーレではマルイ錦糸町店から邪神ちゃんに対して表彰状が送られたのでした。

・錦糸町を聖地にする

この取り組みについてはもう少しお話ししたいことがあります。元々邪神ちゃんと錦糸町には関係がありませんでしたが、今では多くの邪教徒が錦糸町は邪神ちゃんの聖地と認知しています。これは昨今人気のアニメツーリズム・アニメ聖地巡礼に通じるものがありますが、作品の中で全く描かれていない場所が聖地になるというのはとてもユニークな事例です。

なぜ邪神ちゃんが錦糸町とこのような関係を築くことができたのでしょうか。私は作品側がイベント会場として場所を使わせてもらうのはきっかけにすぎず、大家であるマルイさんが大家にしかできない手法でこの地にファンの皆さんを繋ぎ止めているように思えます。以下に具体的な施策を2点紹介します。

1つ目はふせんボードです。邪神ちゃんはイベント会場すらみんなで作っていこうと考えています。展示物を見に来た皆さんが単に展示されているものを見て帰るだけではとても一方通行で寂しいです。そこでふせんを使ってイラストやコメントを残すことができるボードを用意しました。そこにはたくさんのコメントが寄せられ会場が賑わっている様子が誰の目にも明らかでした。中には、他の人が書いたコメントに対して近くにふせんを貼って、そのコメントに対するリプライを貼っていくなど、普段インターネット上で行われているSNS的なやりとりをアナログで行うという面白い文化が生まれてきました。

また、最近ではふせんボードは「邪教徒プロフ帳」というより情報量が多い掲示物にアップグレードしています。マルイさんがすごいのは、**邪神ちゃんとのコラボ期間が終わってもこの掲示物を置きっぱなしにしていることです。**

2つ目はお地蔵さんです。邪神ちゃんドロップキック3期にはお地蔵さんというキャラクターが登場します。ある時まちを歩いていた邪神ちゃんは、道ばたのお地蔵さんにお供えされていたみかんを食べてしまいます。するとその晩邪神ちゃんの枕元に太鼓のバチを持ったお地蔵さんが現れ、「バチに当たって死ね！」と襲いかかってくるのですが、それを演じるのが有名悪役キャラで知られる声優の中尾隆聖さんでしたので、ネットでも大いに話題になりました。

そんな背景を踏まえて、マルイさんで行われていた邪神ちゃんイベント会場の一角にこのお地蔵さんオブジェを設置してみたとこ

ろ、信じられないほどたくさんのお供え物が集まりました。こちらもまた**イベント終了後もお地蔵さんは常設されており、2024年現在、今もなお錦糸町の人気コーナーとしてまつられています。**

COLUMN

アニメに出ていない邪神ちゃんの聖地、マルイ錦糸町店

高浜実（マルイ・イベント担当）

マルイは年間で150タイトル以上のアニメ関連イベントを開催しています。ほとんどの場合作品側の厳しい監修を受けなくてはならないのですが、邪神ちゃんは作品の管理が緩やかなので店舗側も非常に協力しやすく、自分たちがやりたいことをかなり自由にやらせてもらっています。

大きいものでは2回邪神ちゃんフェスと展示会企画、邪神ちゃんドロップキックエポスカード、コミケ出展、あとは数えきれない小さなイベントを1年の間にすべてやりきりました。そんなイベントが年中を通して行われる錦糸町のお店は搬入口の警備のスタッフから店長まで全員が邪神ちゃんを認知していて、まるで邪神ちゃんがお店のキャラクターなのではないかと思ってしまうほどです。

作品とお店だけではなく、いつも来店してくれるお客さまとの距離も非常に

近く、作り手側とお客さまがいつもイベントを一緒に楽しむ関係が築かれていて、最近では「錦糸町は自分たちの実家」と言ってもらえるほどになりました。

そんな私の楽しみの1つが、イベントが終わった後に行われる大抽選会で、この抽選会では展示会などのために作ったポスターなどの掲示物やキャラクターの等身パネルなどを来場者に配布しています。

「イベントのために作った展示物を廃棄するのはもったいないから、全部来店したファンに持って帰ってもらいましょう」と言ってくる権利元は邪神ちゃんだけですね。

クラウドファンディング

・クラウドファンディングは応援消費

これまで何度か「クラウドファンディングとECって何が違うの？」と問われることがありました。確かにクラウドファンディングになじみがない人からすると、オンラインでお金を支払って何かを得るというやりとりだけを見たらECとの違いがわからないかもしれないですね。私はこの時クラウドファンディングは通常の消費とは異なる「応援消費」なんですよと回答しています。

応援消費は、苦境の人や企業を消費で支援する動きを意味する言葉として、２０１１年の東日本大震災を契機にして広く使われるようになったとされています。確かにあの頃「被災地の野菜を食べて応援しよう」というコピーを目にしたという人は多いでしょう。

その時我々はそこに困っている人がいる時に、単なる寄付ではなく、単なる消費でもない「誰かを助けるための消費」という新しい消費があるのだということを知りました。そしてその感覚を掴んでいる人ならば、クラウドファンディングが応援消費であることにご納得頂けると思います。

クラウドファンディングが応援消費であるならば、これに挑戦できるのは弱者に限られるということになります。興行収入１００億円の強い作品が「次回作を作るのにクラウドファンディングします」と宣言したら「いや、普通にビジネスしてよ」と言われてしまうことでしょう。では、弱者はみんなクラウドファンディングをやればよいのでしょうか。

皆さんの周りにもいませんか？　私は**ビジネスがうまくいっていない人に限って、突然クラウドファンディングをやり始めると言い出す**のを何度か見たことがあります。しかしクラウドファンディングは応援消費なので、応援をしてくれる人がいないと決してうまくはいきません。そしてこういうケースの場合、往々にして応援してくれる人がいないのでビジネスがうまくいっていないのです。

この場合クラウドファンディングにワンチャンかけても寂しい結果になってしまうので、最低限応援してくれる皆さんの顔が見えてくるまで、まずはファンコミュニティ作りに注力するべきだと思います。

弱者でなおかつ応援してくれる人がいるという状態になったら、いよいよクラウドファンディングの設計に取りかかりましょう。ここからはいつか自分もクラウドファンディングをやってみたいという読者の方のためになるべく具体的にそのやり方を説明していきます。

・プラットフォーム選定

まずはプラットフォームを選びましょう。選択肢としてはKickstarter、CAMPFIRE、Makuakeといった強者の総合プラットフォーム、Motion Galleryのような特定のテーマに特化した中堅プラットフォーム、その他小規模プラットフォームまで様々です。最初の分岐のポイントは「海外ユーザーを対象にするか否か」で、本気で海外ユーザーにアタックするならばそこに届くプラットフォームを選ぶ必要があります。

邪神ちゃんの場合は日本国内をターゲットとしていたため、最初の分岐点は迷うことがありませんでした。国内向けプラットフォームの中からどのように選ぶべきかと言えば、私は「利用者数と露出見込み」「手数料」「困った時の相談のしやすさ」の3点に注目をして選定をしました。

・利用者数と露出見込み

これについては数と質の両面で考える必要があります。まず数については、私は利用者数・登録者数が多いというメリットの代わりにポータルで埋もれてしまうリスクを持つ大きなプラットフォームと、大手よりは利用者数・登録者数が少ないというデメリットを持つ代わりにポータルの目立つ場所に表示してもらえるというメリットを持つ中堅プラットフォームは等価値と判断しました。

一方で1アクセスあたりの価値については、総合プラットフォームからアクセスしてもらえる1という数値と、特化型のプラットフォームに集まる人たちにアクセスしてもらえる1という数値の価値は異なります。邪神ちゃんの場合はアニメのようなクリエイティブコンテンツを応援することが大好きな人たちが集まっているMotion Galleryが適切だと思いました。

・**手数料**

インターネットサービスは大手サービスほどスケールメリットを生かして手数料を安くしていくものなのですが、クラウドファンディングのプラットフォームは逆で、大手の手数料が12％〜20％と高額なのに対して中堅のMotion Galleryは10％と最安値です。この手数料率はMotion Galleryがクリエイターに1円でも多く支払いたいという考えで、2011年の創業時から値上げせずに頑張っている価格だそうです。

・**困った時の相談のしやすさ**

最後に困った時の相談のしやすさについては、これはサービス側が提供しているサポートの他、直接相談できる相手がいるかどうかに大きく左右されます。私の場合はMotion Galleryの社長さんに面識があり、困った時は直接相談ができてしまうという強みがありました。

皆さんの場合は、サービス提供者のみならず実際にそのプラットフォームを使ってクラウドファンディングをやったことがある人が近くにいるかどうかを考えてみるといいでしょう。

・プラットフォームの決定

クラウドファンディング未経験の邪神ちゃんの場合は、ジャンル1位獲得によるポータルへの露出、そこに集まるコンテンツ制作を応援してくれる人々への訴求、手数料の安さ、困った時の相談のしやすさが揃ったMotion Galleryにお願いすることにしました。この判断は非常に重要です。

なぜなら一度応援をしてくれたユーザーには第2回目以降のクラウドファンディングを行う際にプラットフォームを通じて連絡を取れるようになるからです。せっかく集まってくれた応援者の皆さんを手放すことはないと思いますので、オウンドメディア育成の観点から、最初に選んだプラットフォームは、その後もお付き合いすることになると考えて下さい。

・目標の設定

プラットフォームを選び終えたら、そのプラットフォームを通じてプロジェクトの主催者が自分が達成したい目標とそのために必要な金額を宣言します。プロジェクトに賛同する参加者は、プロジェクトに対して自分が望んだ金額を投じます。多くの場合クラウドファンディングにはリターンと呼ばれる返礼品が付属しますので、参加者は支出に対して何が得られるのかを吟味しながらどれだけのお金を支出するかを検討するのです。

そのようにして募集期間中に集まったお金が目標金額に到達したら成功ですし、そうでなければ失敗となります。失敗した場合は、全額を返金してプロジェクトを解散する場合と集まったお金を使ってプロジェクトをスタートさせる場合の2種類がありますが、これはプロジェクトを開始する時点でどちらにするか明言する必要があり、結果に応じてどちらかを選ぶということはできません。

・リターンの設計

私はこれまで4回のクラウドファンディングの設計を行い、そのたびに応援してくれる皆さんと問い合わせのやりとりを繰り返してきた結果、4回目のクラウドファンディングに関してはだいぶ仕組みが洗練されてきました。私はクラウドファンディングのリターンは以下の4種類に分類することができると思います。

まず決めるのは中のメインコースで、このコースは応援の気持ちなどよりも具体的なリターンの商品力での訴求となります。商品はまとめてたくさん作ることができるものが望ましく、これがどのくらいの数が出るかを予測することが最も大切です。

できればこれだけで目標を達成できるようにしましょう。次に高額コースはレアであることが高い金額との引き換えになりますので、たくさん作ることができないレアリティの高い商品や、もしくは体験型のコンテンツが望ましいです。そして応援記念コースは、そこまで高い金額を払うつもりはないのだけど気持ちだけ送りたいという、少額募金のようなニーズに対応するコースなのでどんなにたくさん集まっても金額の目標達成にはあまり影響がありません。

しかし参加者数の増加にはとても有効です。ここまでの3種類は上位のコースに行けば、その下のコースで得られるリターンは全て手に入るという仕組みにするとわかりやすいです。最後に、その階段のような仕組みに収まらない限定1名のような独立した商品をその他としてリターンに加えて完成です。

この4種類を基本として、プロジェクトに合わせてメインコースと高額コースの間にミドルコースを入れたり、高額コースの上に超高額コースを入れたりしてもよいですが、必ず金額に応じてリターンが増えていく階段状の設計になることを心がけ、それらが一目でわかる縦軸が金額、横軸がもらえるリターンが書かれたマトリックス図を作成しましょう。

・クラウドファンディング事例

概念だけを説明してもわかりづらいので、具体的に説明していきましょう。これまで邪神ちゃんは合計4回のクラウドファンディングに挑戦しており、いずれも応援してくれた皆さんのおかげで大成功を収めています。

初めての挑戦は2019年で、きっかけは声優さんたちがアフレコの時に「天使組（ぺこら、ぽぽろん、ぴの）でキャラクターソングを作りたいね」と話しているのを私が聞いたことでした。私はもちろんCDを作りたかったのですがそんなお金はありませんでしたので、クラウドファンディングでこれを実現させようと考え「天使3人組のボイスドラマ入りキャラクターソングCDを作りたい！　必要なお金は300万円！」と宣言してプロジェクトをスタートさせました。

リターンとして用意したのは新曲をダウンロードできる500円のコースから、様々なグッズやイベント参加券が付いた15,000円コース、そして限定1名でこのユニットの名付け親になれる20万円のコースまで、全8種類のリターンでした。プロジェクトが成功しなかった場合についてはもちろん「お金が集まらなかったらやらない」という選択肢もあったのですがあえて「お金が集まらなかったとしても必ず楽曲は作る。ただしイベントなどは当初想定よりも小規模開催」としてリターンの制作内容にバッファーを持たせ、退路を断って覚悟を決めました。

今まで一度もクラウドファンディングをやったことのない私は、果たして本当に目標を達成できるのだろうかと不安でしたが、いざプロジェクトがスタートしてみるとわずか4日で目標達成。最終的には５００万円を超える金額が集まりました。

そしてこれもまた初めての経験でしたが、**想定以上にお金が集まってしまった場合**、そのお金の使い方もまた応援してくれた皆さんが喜んでくれるように使うことが求められます。

それを知ってかどうかわかりませんが、声優さんたちは素敵な笑顔で「私たち専用のかわいい衣装が欲しいんです」とおっしゃるので、結局は採算を度外視して原作者ユキヲ先生渾身のデザインによるとんでもなくかわいい専用衣装を作ってしまいました。

クラウドファンディングのリターン分類と特徴

タイプ	コース	価格とリターン
小	応援記念コース	値段がとても安く、リターンも簡易
中	メインコース	値段がそこそこで、ボリュームゾーンとなる
大	高額コース	値段が高く、レアリティが高い商品が提供される
その他		上記の小中大の序列に含まれない独立商品

こうして生まれた邪神ちゃん初のスピンオフ企画、天使たちのユニット「フォーリンポップ」がステージで歌って踊る様子を見た参加者の方たちは、これは自分たちが創った光景だという満足感に包まれていたと思いますし、プロジェクトを主催した我々も衣装製作を頑張りすぎてすっかり赤字になってしまったものの、自分たちだけでは辿り着けなかったであろう新たな展開に胸を高鳴らせたのでした。

その後フォーリンポップは２０１９年6月のアニソンライブ「CIRCLE FIRE」、8月六本木ヒルズで行われた「邪神ちゃんドロップキック 夏サバト ｉｎ テレ朝夏祭り」、10月に行われた「フォーリンポップチャリティライブ@キリスト品川教会」へと活動の場を広げていきます。

過去4回のクラウドファンディング結果

その後も2回目、3回目とクラウドファンディングを実施し、アニメ4期を目指すクラウドファンディングではついに1億円を突破することとなりました。全4回のクラウドファンディングで集まったお金は合計１・８億円（１８３,５４０,６３１円）です。プラットフォームMotionGalleryでは邪神ちゃんはアニメ分類1位のコンテンツとして今もなおその記録を塗り替えられてはおりません。

COLUMN

邪神ちゃんファンダム、消費と応援の絶妙なバランス

大高健志（株式会社MOTION GALLERY CEO & FOUNDER）

2019年から合わせて4回行われた邪神ちゃんのプロジェクトは、毎回その熱量・インパクトに驚かされるのですが、特筆すべきは「回を重ねるごとにコレクター数もファンディング額も常に伸び続けていること」にあります。クラウドファンディングは「消費」と「応援」の間に位置しており、バランスが崩れるとファンは消費によって消耗してしまいます。そのため、毎回邪神ちゃんが拡大しているのは、それが「刈り取り」ではなく「**お祭り**」としてファンダムの高い熱量の維持と広がりを実現していることの証左であると言えます。

なぜそんなことが可能なのか。それを知りたくて参加したリターン限定イベントでは、柳瀬さんがファンの皆さんと一緒に目標を達成したいというメッセージをしっかりと届けていること、ファンダムがそれを強く信じていること、さらに邪神ちゃんを応援することに誇りを感じていることを知り、一支援者として本当に感動を覚えました。

これからは一般企業でもファンダムづくりとマーケティングコミュニケーションは商品開発プロセスとしてますます重要になってきます。そういった

取り組みを行う方にとって、邪神ちゃんがMotion Galleryで行ってきた施策からはたくさんのことが学べると思います。

終了日	企画名	金額（参加者）	達成率
2019年4月17日	邪神ちゃんドロップキック初のクラウドファンディング企画！天使組（ぺこら、ぽぽろん、ぴの）のキャラソンやグッズを作りたい！	¥5,148,513（694）	172%
2020年1月17日	邪神ちゃんドロップキック「神保町哀歌」CD制作、邪神ちゃん＆ゆりねユニット化、大規模リリイベを実現したい！	¥26,246,614（2959）	262%
2020年12月31日	TVアニメ「邪神ちゃんドロップキック」3期プロジェクト！	¥36,181,238（2880）	181%
2023年1月13日	TVアニメ「邪神ちゃんドロップキック」4期分割払いプロジェクト！	¥115,964,266（3348）	387%
合計		¥183,540,631（9881）	

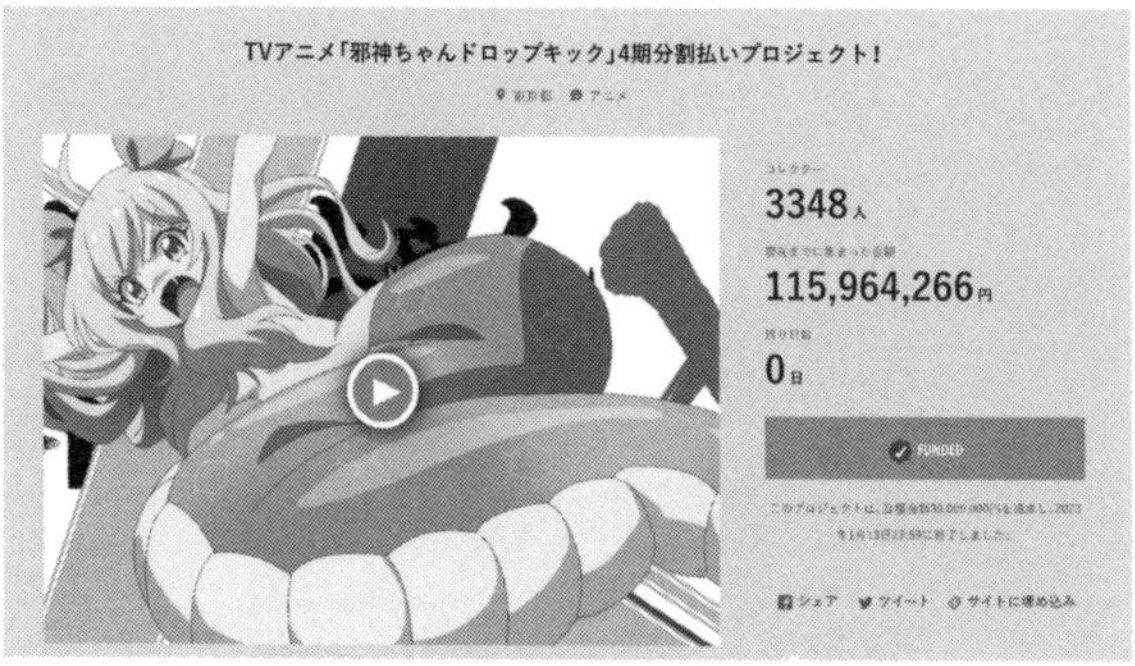

ふるさと納税

皆さんはふるさと納税をしたことがありますか？　総務省によると２０２２年の利用者数は約８９１万人ということでしたので、納税者の総数と比べるとまだまだ知られていません。また、納税をしたことがないよという学生の方はもちろんご存じないと思います。そんな皆さんのためにまずはふるさと納税の仕組みを説明します。

・ふるさと納税の仕組みと課題

この国では誰もが収入を得るようになると納税をすることになります。納めないといけない税金の種類はたくさんあり、現在自分が住んでいるエリアの自治体に対しても税金を納めます。そのようにして納められたお金はその自治体をより良くしていくために使われるのですが、中には自分が住んでいるエリアではなく、自分が生まれ育ったふるさとや、ふるさとではないが自分に関わり合いのある特別なまちに税金を納めることでそのまちを応援したいと考える人もいるでしょう。

ふるさと納税はそういった人たちのためにある仕組みで、自分が住んでいるエリア以外のまちに寄付を行った場合、その分自分が住んでいるエリアに納める税金が減免されるという仕組みです。納税先自体が変わるわけではないのですが、お金の動きだけを見ればふるさと納税によって自分が住んでいるエリア以外に納税していることになるわけです。

ふるさと納税を活発にしているのがこの時に発生する「返礼品」というシステムで、それぞれのまちは寄付者に対して寄付額に応じたプレゼントをしてよいことになっています。

すごくおおざっぱにイメージを伝えると、東京に住む私の場合、東京に3万円納税するのをやめて、北海道千歳市に3万円を寄付することで、1万円くらいの海産物をプレゼントしてもらうことができるわけです。東京に納税しても海産物はもらえませんが、千歳市に納税すると海産物がもらえるので、毎年年末が近くなると納税者は今年のふるさと納税はどこにお金を支払おうか？　ということを話題にするようになるのです。

このような背景があるため、現在国内約1,700の自治体にとっては**いかにしてふるさと納税を獲得するために自分のまちを宣伝していくか？**　ということが大きな課題となっています。

・自治体がアニメをシティプロモーションに使う

邪神ちゃん2期が検討されていたのは2018年です。その頃は「現代用語の基礎知識」選 ユーキャン新語・流行語大賞2016で『聖地巡礼』がトップテン入りするなどして、まちの宣伝、すなわちシティプロモーションにアニメが有効だと認知されていました。

また、ふるさと納税も利用者が激増している時期でしたので、自治体の間では「いかにしてふるさと納税を獲得するために自分のまちを宣伝していくか？」という課題に対して「**アニメをふるさと納税に使いたい**」というニーズが高まっていました。

この時自治体が真っ先に参照するのがアニメツーリズム研究です。アニメツーリズムはアニメの舞台となった実際に存在するエリアを視聴者が訪問する観光消費を指し、2008年に北海道大学の山村《やまむら》高淑《たかよし》先生が社会開発論の観点から埼玉県旧鷲宮町（現・久喜市）で行われているテレビアニメ『らき☆すた』のファンと地域住民が交流している様子を分析し、これをアニメツーリズムと名付けたところから始まり、その後も『あの日見た花の名前を僕達はまだ知らない。』の埼玉県秩父市、『ガールズ＆パンツァー』の茨城県大洗町など様々な成功事例の研究がアニメツーリズム研究として蓄積されていきました。

山村先生の研究では、聖地巡礼と呼ばれている社会現象の成立のためには「コンテンツ製作者」「地域社会」「ファン（旅行者）」の3者の関係が不可欠であるとし、これを「アニメツーリズムのためのトライアングルモデル」と呼んでいます。この3者の1つ「地域社会」、すなわち自治体はこのトライアングルの成立を願いますが「コンテンツ製作者」が1700もある自治体のうちたまたまその自治体を選ぶ可能性は非常に低く、実態としては「自分のまちにも強いアニメの聖地来い！」と願うことしかできなかったと思います。

この状況に対して作り手側である私は**「聖地がないなら作ればいいじゃない」**と考え、神保町が舞台であるアニメ作品邪神ちゃんが、サザエさんのオープニング映像のように日本全国を旅するというフォーマットを発案することで、「アニメをふるさと納税に使いたい」という自治体のニーズに応えようと考えました。

・千歳市

2019年に日本で初めてふるさと納税でアニメ制作を行ったのは北海道千歳市と邪神ちゃんです。

千歳市は邪神ちゃん役を務める鈴木愛奈さんの出身地であり、鈴木さんは人気声優として活躍する前から民謡コンクールで優勝して市から表彰されるなどまちの皆さんからの知名度が高く、千歳市観光課の皆さんはなんとか鈴木愛奈さんをシティプロモーションに活用できないかということを考えていました。そんな折に、邪神ちゃん製作委員会メンバーである北海道文化放送さんが千歳市さんと私を引き合わせてくれる機会があり、私はそこでふるさと納税で得られるお金を使ったアニメ製作を提案したところ、千歳市さんはこれを快く引き受けて下さったのでした。

まず我々は千歳市さん側がまちのどんな場所をアピールしたいのかヒアリングを行い、それを基に監督や脚本家と共に千歳市の様々な名所を巡っていきました。その際意識をしたのは**観光者の視座**です。

地元の人には当たり前に見えるものでも、よそ者には目新しく見える観光資源はたくさんあるはずなので、我々はあたかも邪神ちゃんたちが神保町からこの地に旅行に来て、そこで見たものや聞いたものを邪神ちゃんたちの目を通して描いていこうと考えました。

この少し前、この考え方の原体験となった出来事とがありました。青森県弘前市の盛り上げのために頑張っている方とお話しをしていた時のことです。その方は弘前生まれ弘前育ちで、とてもまちに対する愛情に溢れた方で、どうしたらまちの魅力を外側に発信していくことができるだろうかということを熱心に考えていました。私はその方に「弘前は観光資源だけではなく、強い商材もあっていいですね、りんごとか」と言うとその方はこう答えました。

「え、りんごとかどこにでもあるじゃないですか」

一瞬私は何を言っているのかわからずきょとんとしてしまいましたが、すぐに状況を理解しました。よそ者の私からすれば、弘前のりんごの商品力はりんご界の中でも最強の部類に入り、歴史的にも青森りんごの発祥の地というヒストリーを持つ由緒正しいりんごです。

しかしこの方にとっては生まれてから今日に至るまで、いつでも身の回りにある「どこにでもあるもの」という認識なのでした。確かに私も長年東京タワーの近くに住んでいた頃、それはあまりにも当たり前すぎてついに一度も観光に行かなかったなあということを思い出しました。これらのことからわかることは、ある**環境の内側にいる人間はその環境が持つ特徴を認識できなくなる**ということです。

それでは誰がこの特徴を認識できるのかといえば、それは他の世界と比べた場合の差異を認識できる者、つまり外部の視座を持つよそ者です。アニメ宣伝と同じくシティプロモーションに求められるものもやっぱり差異なのです。

こうした経験がありましたので、私はロケハンに訪れた制作チームのメンバーに対して、まずは皆さんにたっぷりその土地を楽しんで頂き、それを邪神ちゃんたちにも体験させてあげてくださいというお願いをしました。

こうして生まれたのが２０２０年6月に放送された「邪神ちゃんドロップキック’（ダッシュ）【千歳編】」です。神保町を離れて千歳に向かう邪神ちゃんたちは、ロケハンチームと同じく安い航空券のチケットを使って成田空港第3ターミナルから新千歳空港に向かいます。そして市内の様々な魅力的なスポットを巡ったのちに、何度も透明度日本一に輝いている千歳市最大の名所である支笏湖でボート決戦を行い、最後はそこに面した丸駒温泉を楽しんで終わるという流れは概ね我々が辿った旅路でした。

映像を見てくれたファンの皆さんも、きっと邪神ちゃんたちと一緒に旅を楽しめたのではないかなと思います。

このアニメ放送に合わせて２０１９年11月には新千歳空港ポルトムホールで「北サバト」を開催。アニメ本編にも登場した千歳市山口市長をお招きし、ファンの皆さんと一緒に人生初となる声優ライブを楽しんで頂いたほか、続く２０２０年7月にオンラインで開催された「北サバト2」にもご出演頂きました。

また、千歳市は道の駅「サーモンパーク千歳」に邪神ちゃんコラボコーナーを設置し、放送に合わせて２０２０年7月から「邪神ちゃんドロップキック【千歳編】を巡ろうツアー」を開催。アニメに登場した千歳市内のスポットに、声優陣のサイン入りパネル、看板、アニメの原画などを展示して地域振興に努めています。

これまでアニメで地域を盛り上げたいというニーズに対して、地域側は基本的にはアニメがまちに来てくれることを待つしかできませんでした。しかしこの【千歳編】の取り組みは、**自治体が願えばアニメが来るという点が画期的**でした。自治体側はアニメを通じて全国にまちの魅力を発信でき、ふるさと納税をしてもらうきっかけにもなる。アニメ制作側は制作費を調達できる。この「千歳邪神ちゃんモデル」は、コンテンツビジネスと地域振興を結ぶ新しいモデルとして**2020年11月6日の朝、NHK総合「おはよう日本」でも紹介されることになりました。**

なお、余談となりますが【千歳編】で登場した新キャラクター「リエール」は、鈴木愛奈さんと同じ千歳市出身の人気声優・花井美春さんにお任せしています。この時点では**本当は2人が実の姉妹である**ということは公表していませんでしたが、この事実は必殺の話題としてのちの企画に繋がっていくことになります。

千歳民報
11月4日
ふるさと凱旋 ファン大歓声
アニメ「邪神ちゃん」挿入歌を熱唱

COLUMN

邪神ちゃんといっしょに里帰りできました

鈴木愛奈（声優・邪神ちゃん役）

私が邪神ちゃんを演じるようになってからもう6年も経つのですが、こうして1つのキャラクターを長く演じさせて頂けるのはとても嬉しいことです。

声優として演じるだけではなく、これまでたくさんのイベントや配信番組にも登場させて頂き、応援してくれる邪教徒の皆さんといっしょに時間を過ごしてきました。

その中でもやはり、千歳でイベントをできたことはすごく印象に残っていて、声優・アニソンシンガーになるために東京に出てこんな形で自分の故郷に戻ってくることができて幸せだなと思いました。その時に新キャストとして妹の美春もステージに出てくれたのですが、その時はまだ妹と明言してない時だったため、姉妹らしい絡み等は控えておりました。ただ、妹と最初に共演できた作品が邪神ちゃんだったのでとても嬉しかった思い出です。

そういったご縁もあって今では私は千歳市の観光大使も務めさせて頂いています。これからも邪神ちゃんと千歳市を盛り上げるためにがんばりたいです！

・帯広市

千歳編の評判を受け、同じく北海道の帯広市・釧路市・富良野市ともふるさと納税を用いたアニメ制作に取り組んで頂けることとなりました。帯広市と言えば「ばんえい競馬」です。競馬というと筋肉質でスレンダーな競走馬が目にも止まらぬ速さで駆け抜けていく様子を想像すると思いますが、ばんえい競馬は違います。ばんばと呼ばれる巨大な馬が、数百キロもしくは1トンもある大きなソリを引きながら坂道など緩急のある道をゆっくりと競うのです！　その姿は圧巻で、その様子はしっかりとアニメの中でも描かれることになりました。

さて、まちを賑わせるため、コンテンツを用いて外部から人を呼び込み、今まで**一度も競馬をやったことがない人に競馬をやらせる。**これはなかなかの難題です。誰もが知るような強い作品であれば描き下ろしイラストを用意して屋外広告に注力し、馬券購入者に特製ステッカーを配布という王道のやり方でクリアできますが、邪神ちゃんは弱者なのでそんな動員力はありません。

しかしアニメ界広しとはいえ、なかなかばんえい競馬場そのものを舞台として描いた作品はありませんので、邪神ちゃんはその狭さを生かした施策を行うことにしました。

２０２０年10月にふるさと納税応援を目的に一度コラボをしたほか、２０２２年9月には映像の完成を記念してばんえい競馬場でイベントを開催することにしました。この時に私が実現したかったのは、ファンの皆さんに**アニメの中に描かれている舞台でアニメを視聴してもらいつつ、キャラクターが体験したことを追体験してもらう**ということです。

アニメ本編では邪神ちゃんは馬券を握りしめながらばんばを応援しますので、それになぞらえてファンの皆さんも上映会の後そのままレースを楽しめるようにしました。レース名は「イキリアクマ一発逆転杯」などファン向けの名前になっており、レース開始時の演出などは大変ありがたいことに重賞レース並みの豪華さで、たくさんのアニメ素材を使って頂きました。

聞いたところによると、邪神ちゃんは監修が緩いので楽しくなってどんどん作ってしまうとのことです。確かに、厳密に管理されるＩＰではなかなか実現できないような楽しい表現がたくさん生まれていました。

さらに、レースを解説するばんえい競馬名物アナウンサーの方の元に声優さんを送り込み、実況中継も楽しんで頂いたほか、勝っても負けても、いや、勝つと手元の馬券は換金されて手元に残らなくなるので「競馬に負けた人向けの施策」として自分で購入した馬券

をぴったり収納できる記念台紙を配布しました。
その他にも、帯広競馬場内に写真撮影ができるフォトスポットを用意したり、場内に設置された5ケ所のＱＲコードをスマートフォンで読み込んで、表示されたクイズに全問正解すると、景品がもらえるタイプのテンプレ宣伝もしっかり展開したりしています。

こうしたばんえい競馬の取り組みが功を奏し、２０２２年度のばんえい競馬の売上は帯広市単独開催以来の最高額を更新。なんと５５４・7億を達成したのでした。邪神ちゃんが果たした役割はごくわずかでありきっと売上にはほとんど寄与していませんが、ばんえい競馬さんにとってもアニメとここまで深い取り組みを行ったのは初めてだったとのことで、これをきっかけにもっと大きなＩＰとコラボしていくための足がかりになれていたら幸いです。

・釧路市

3つの自治体が合併して生まれた現在の釧路市は広大で、アニメを作るに当たって北の阿寒湖、真ん中の釧路湿原、そして南の釧路市街まで1日でロケハンをやりきることはできませんでした。邪神ちゃんが様々なスポットを訪れる様子をぎゅっと詰め込んだ24分、物語の最後に辿り着くのは釧路市街にある幣舞橋《ぬさまいばし》という世界三大夕焼けの1つに数えられる絶景スポットです。

釧路市ではこの幣舞橋のふもとを会場として、２０２１年から毎年「釧路スタジオ」という名前のポップカルチャーフェスティバルが開催されています。釧路市でのふるさと納税コラボが決まったのを受け、邪神ちゃんは２０２２年9月に初めてゲストとしてイベントに参加することになりました。この時はいくつかのステージ企画を行った後幣舞橋の夕焼けをバックに、声優・ファンの皆さんと一緒にドローン撮影を行いました。さらに釧路編が完成したのちの２０２３年9月には再び現地に赴き、ステージ企画以外にも消防イベントや地元の盆踊りイベントなどにも積極的に参加していきました。

その時釧路を拠点とする大型複合書店のコーチャンフォーさんでもトークイベントを開催したのですが、なんと「当日の朝、錦糸町マルイで行われている大邪神ちゃん展に参加してから来た」という参加者もいてとても驚いたのを覚えています。また、これらのイベント以外にも作中に登場した舞台を巡るための地図や記念品を配布したりもしました。

実は釧路市との取り組みで一番やってよかったと思ったのは、**釧路スタジオの後主催者の皆さんとの打ち上げに参加できたこと**です。

前の章で述べた通り、私は日本全国の地方イベントに邪神ちゃんと共に参加していますが、それはゲストか出展者という立場で参加しているため、主催者側がどのような気持ちでどんな課題感を持ってイベントを開催しているのかほとんど知る機会がありませんでした。釧路スタジオはこれとは異なり、過疎化に悩む地元の議員さんとそれを支える地元の若い力がそこにいること、ポップカルチャーで地元を盛り上げたいという強い意志があるものの、アニメコンテンツの産地が極端に東京に集中しすぎていて、そこまで手が届かないという課題があることなどがわかりました。

実際、東京のアニメ作品にアクセスできたとしても、二次創作の項で説明した通り、ＩＰ側は総じてメリットがあると判断しない限り許諾をしないので、ゼロからベースで悩み相談を引き受けてくれたり、オーダーメイドで企画を立案してくれたりということはなかなかないのかなと思いました。邪神ちゃんはせっかくの地元コンテンツなので、これからも釧路のために活用して頂けるよう頑張ります。

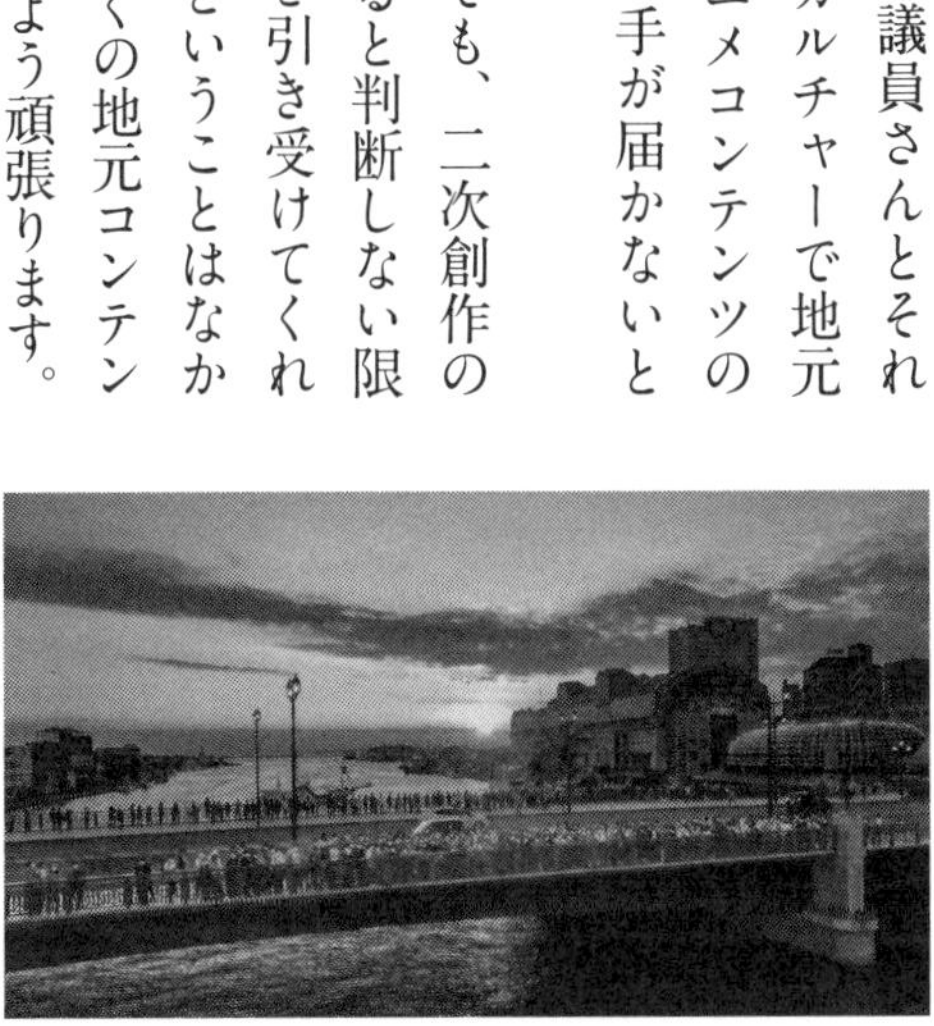

・富良野市

「**邪神ちゃんが内臓を売ろうとするなど、富良野のイメージを落としかねない**」として、富良野市議会から決算不認定を受けたのは２０２２年11月のことでした。私はこの日朝一で京都まで出張に行く用事があったので、出発の準備をしながらＹａｈｏｏ！ニュースを見ていたところ「アニメ不適切認定」という見出しを発見し「へぇー、どこのアニメだろう」と思ってタップしてみたら**邪神ちゃんのことだったので心底驚きました。**

それからすぐに邪神ちゃんチームでは対策会議が行われました。中には「今すぐ現地まで行って膝を突き合わせてじっくり議論を」という意見もありましたが、私はインフラの会社に長らく勤めていたことから**危機管理広報は素早い初動が大事**ということをよく知っていたので「いいえ、お昼のニュースが出回るタイミングまでには必ずスタンスを示すべきです」と強く主張しました。

私の案は単に遺憾の意を発信することではなく、イメージを落としかねないという意見を否定することでもなく、ただ実際に観た人に判断してもらおうというものでした。

それから私は新幹線で移動しながらJRのWi-Fiで【富良野編】をYouTubeにアップロードし、昼の12時半には「無料で配信するのでイメージが下がるかどうか教えて下さい」というアンケートを取り始めました。

この施策は大きな話題となり**1週間の無料配信で富良野編の視聴回数は20万回を超え、10万票以上のアンケート結果が集まり93%以上の人が「イメージが上がる」と回答してくれました。**

しかも一部「イメージが下がる」と答えた方たちの理由はほとんどが作品の内容に関する

ものではなく、今回の騒動自体を原因として挙げていました。

この結果がどれだけ議会の皆さんに影響を与えたのかはわかりませんが、後日行われた市議会本会議では賛否が同数で割れ、議長裁決という最後の1票によって結果は一転。予算は認定となりました。

昔秋葉原の雑居ビルで怪しいサバトをやっていた時は、決してこんなことを悩む必要はなかったと思うのですが、IPが大きくなり、新しい活動を行っていく際には「公共圏における表現のあり方」というのは不可避な課題なんだなあと感じました。

その後富良野市とは良好な関係を築き、富良野編で描かれた観光スポットでスタンプを集めると非売品の邪神ちゃんグッズがもらえるなどの施策に取り組んでいます。

富良野でスタンプラリー

「邪神ちゃん」舞台巡ろう

騒動後、初催し　観光協、缶バッジ配布

特製缶バッジのイメージ画像
(C)ユキヲ・COMICメテオ／邪神ちゃんドロップキックX製作委員会

・南島原市

長崎県にある南島原市は皆さんも歴史の授業で習ったことがある「島原の乱」で有名な原

城がある場所です。原城を乗っ取った邪神ちゃんはゆりねに成敗され、**最後は南島原名物の手延べそうめんにされて食べられる**という筋書きなのですがこちらは全く問題になりませんでした。

さて、南島原の魅力はなんと言っても海で、ロケハンに訪れた際には海の上で１００頭を超えるであろうイルカの大軍に囲まれてしまいました！　その様子に驚いた監督は、その後しっかりとイルカのシーンを楽しくてかわいい映像にしてくれています。そんな船を含め、交通系で一番大がかりな取り組みをしてくれたのが南島原市です。市内を走るバスを邪神ちゃんでラッピングし、車内アナウンスまで邪神ちゃんのキャラクターボイスにして下さったほか、イルカウォッチングに行くための船体まで邪神ちゃんラッピングをして下さいました。

この他ふるさと納税の返礼品作りも積極的で、名物の手延べそうめんなどはもちろんのこと、南島原のおいしい野菜とキノコ10品目が定期的に届く「ぴの野菜セット」に、声優・山田麻莉奈（ぴの役）さんが出演するお料理動画をセットにしてお届けするなどたくさんの取り組みを行っています。私はこれらの企画に携わっていませんが、せっかくのコラボなので自治体の方主導でどんどん作品を活用して頂けるのはとても嬉しいです。

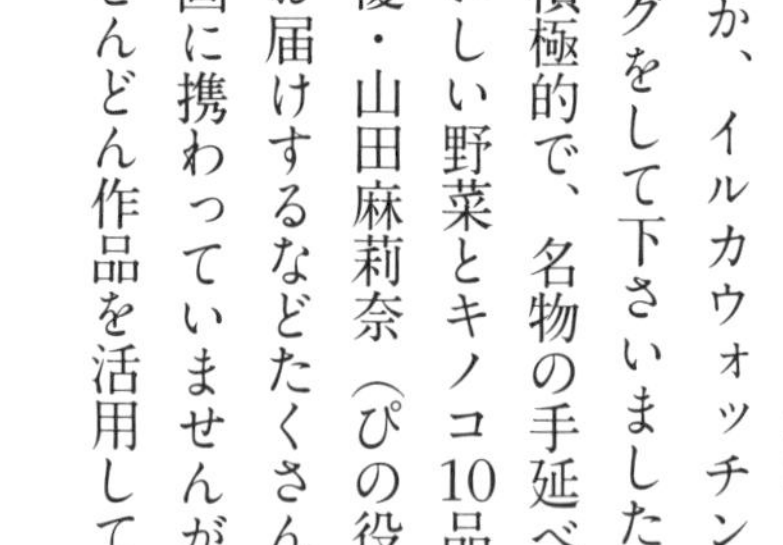

・熊本県高森町

帯広市・釧路市・富良野市・南島原市の4自治体とのコラボを実現した3期からしばらく経ったある日、BS日テレさんから「熊本県高森町を舞台として邪神ちゃんの新作を作れないか」という相談がありました。

私は『北斗の拳』や『シティーハンター』で有名な出版社、コアミックスさんが運営する吉祥寺にあるカフェゼノンというお店を訪れた時、なぜか熊本県推しのフリーペーパーがあるのを不思議に思ったことがあり、その時社長さんが熊本県高森町の出身なんですよということを聞いていたのであのまちか！　と合点がいきました。

私は絶対にこのご縁は逃してはならないと考え、すぐに高森町まで足を運び、町長さんとお会いした後コアミックスさんにもご挨拶に伺いました。邪神ちゃんのようなマイナー作品が『北斗の拳』のようなレジェンド作品にコラボを申し込むのは本当に不釣り合いで申し訳ないのですが、幸いにもコアミックスさんは邪神ちゃんのことを知って下さっていて、ケンシロウが「邪神ちゃんドロップキック【世紀末編】」に登場することに対してご許諾を頂けたのでした。

世紀末編は宇宙から飛来した謎の物体の落下により神保町が崩壊してしまうところから始まります。この時ナレーションを担当して下さったのは声優の千葉繁さんでした。暴力だけが支配するまちになってしまった神保町に独裁者として君臨する花園ゆりねを倒すため、暗殺拳を習得するために南に向かった邪神ちゃんが辿り着くのが熊本県高森町です。そこで出会うケンシロウに邪神ちゃんは「あ、あなた様は?!」と尊敬の眼差しを向けるのは、邪神ちゃんにとってのケンシロウはアニメではなくパチンコ・パチスロのケンシロウだからです。声優さんはもちろん、遊技機版の声を担当している河本邦弘さんです。

この作品で崩壊するのは神保町ですが、崩壊したまちが最後に復興するのは2016年熊本地震からの復興に願いを込めています。このことから、エンディングテーマは熊本出身で、同じく熊本復興を応援しているEXILE NESMITHさん・Leolaさんにお願いすることにしました。

そして世紀末編最大の挑戦は、**放送前に映像データを300円で販売し全編アップロードを許諾**したことです。こんな大胆な施策を打つことができるのは、この作品が従来のアニメビジネスのモデルから離れているからに他なりません。

COLUMN

邪神ちゃん、天の采配に対する反逆

山村高淑（北海道大学観光学高等研究センター教授）

本文中でも柳瀬氏が指摘しているとおり、従来、自治体によるアニメツーリズム振興の限界性は、〈コンテンツ製作者に当該地域をロケーションモデルとして選んでもらって初めて取組が始まる〉という点にありました。つまり、〈天の采配〉による幸運を得て、初めて地域振興や観光振興がスタートできたわけです。

ですから、こうした自治体の経験は偶然性が高く、一般化することが難しい。他の自治体が参考にしようにも真似できないわけです。そこに大きな風穴を開けたのが本章で述べられている、ふるさと納税を活用した『邪神ちゃんドロップキック』地方編の一連の取組です。

その功績は大きく二点に集約できると私は考えています。

第一に、自治体のアニメツーリズムに対する考え方を、従来の〈幸運にも舞台地になった自治体は何をすべきか〉という受け身の姿勢から、〈制作前から如何に一貫して作品に関わることができるのか〉という攻めの姿勢へと転換させた点です。

第二に、寄付という行為を通じて、ファン自身がふたつの立場――〈アニメ作品の出資者〉〈自治体へのふるさと納税者〉——を得ることを可能にした点です。これによってファンは、作品制作前から、作品と地域の双方を、直接応援することができるようになりました（単なるクラウドファンディングではなく、自治体によるふるさと納税という制度を利用したことが、作品と地域、双方を応援することを可能としている点も重要です）。

このように、〈邪神ちゃんふるさと納税モデル〉は、製作者＝自治体＝ファン、それぞれの接点を作品制作前から密にデザインすることで、トライアングルを前倒しで強固に構築できることを示しました。もちろん、柳瀬氏の指摘するとおり、コンテンツの性格によって、こうしたモデルの適用が難しい事例もあるかと思います。

しかしより重要なのは、多くの自治体が邪神ちゃんモデルに刺激を受けて、「うちも何か行動してみようかな」と攻めの姿勢になってくれることです。そうすれば、日本の地方に、更なる魅力が生まれるきっかけになるのではと思っています。

しかし、アニメツーリズムに関しても〈天の采配〉を真っ向から否定するあたり、さすが邪神ちゃん、ゲスいです（笑）。

新たなビジネスモデルの創出まとめ

以上のように、この章では邪神ちゃんが既存のアニメ宣伝の枠組みから飛び出し、生き残るためにフリーミアムモデル、クラウドファンディング、ふるさと納税といった新たなビジネスモデルの創造に取り組んできたことについて述べました。

これらの活動を通して邪神ちゃんは本来は生まれてくることのなかった新たなアニメを制作することができましたし、現在4期を目指す「生きたＩＰ」として存在することができています。

この章でご紹介した内容はいずれも弱さを生かした取り組みにはなっていますが、1章で説明した内容と比べると**すでに邪神ちゃんがファンコミュニティを持っている**という状態が前提となっているため、1章を基本編とするならば2章は応用編と言えるかもしれません。

中括

以上のように、本書では最初に活況なアニメビジネスの現状を述べ、一般的なアニメ宣伝が製作委員会の合議制による意思決定方法と潤沢ではない宣伝予算から、プル型施策を中心としたテンプレ宣伝になりやすいということを指摘しました。

次に邪神ちゃんはこれに対して差異を生むため、Twitter・YouTubeをメインとしたソーシャルメディア・マーケティングに注力したこと、その活性化のために二次創作・リアルイベントを用いたことを具体例を挙げて説明をしました。これらの施策は弱者である強みを生かすため、強者がやらない前例のない取り組みであることが多く、実験的な施策となりました。これらの施策の先行きの見えなさは、失敗をしないことに重きを置く強者の施策に対して差異を生んでいたと思います。

その後アニメ宣伝の枠組みを超えてアニメビジネスそのものに立ち向かったこと、課題を解決するためにフリーミアムモデル、クラウドファンディング、ふるさと納税といった従来のアニメ業界にはなかった考え方を他の世界から持ち込んだこと、それらのいずれもが弱者ならではの強みを生かした施策であったことを説明しました。

ここでご紹介したアニメビジネスの現状は多くの方にとって役に立ちませんが、**自分が置かれた環境を無批判に受け入れるのではなく、疑問を持って構造を把握しようとすることが大切**だということは強者・弱者を問わずどなたにも言えることだと思います。その上で、もしあなたが弱者であるならば、邪神ちゃんマーケティングの考え方を皆さんが直面している様々な課題に応用していくことができるでしょう。ランチェスターの法則はあまりにも当たり前すぎるため反証することが困難なので、弱者は弱者の特徴を生かして強者と戦うしかなく、言い換えるならば**強者ができないことをやるしかありません。**

もしあなたが今挑戦していることが何らかの商売であるならば、邪神ちゃんマーケティングをそのままなぞることができます。強者に消費型の宣伝合戦で勝つことはできないので、消費して終わってしまうタイプの宣伝は行うべきではなく、ソーシャルメディア・マーケティングで自分の商品を好きでいてくれる**ファンコミュニティの育成**に注力するべきでしょう。

この時、ファンを消費者と捉えるのではなく、一緒にブランドを育てる仲間として受け入れることができるとそれは大きな強みになります。そしてある程度ファンコミュニティーが育ってきたならば、そこから先はクラウドファンディングを行ったり、そのコミュニティを魅力と思うコラボレーション先を探したりして長く仕事を続けていきましょう。

もしあなたが就職活動や転職活動、そしてオーディションなどに臨む立場であるならば、邪神ちゃんマーケティングを少しアレンジして読み替える必要があります。強者に学歴・職歴・芸歴などの履歴書のスペックで勝つことはできないので、強者が持っていない特徴を明らかにしていきましょう。

例えば少しの**強みや趣味をコンテンツに変えていくことに挑戦するのはどうでしょうか**。学問や技術といった本来審査で問われる項目はもちろんのこと、読書、アニメ視聴、ゲームといった一般的な趣味であったとしても、それをコンテンツにしてソーシャルメディア・マーケティングに挑戦している人は、強者の中にもそうそうはいないはずです。バズりに挑戦し、それらが**バズってしまったならばそれは大きな特徴**になりますし、話題にならなかったとしても挑戦する中で**試行錯誤したノウハウは貴重な知見**として残ります。

邪神ちゃんが今こうして過去の失敗談をコンテンツにできているように、**履歴書に書ける勝者のサクセスストーリーのみに価値があるわけではありません。**聞く価値のある内容を持っている人は強者でなかったとしても強者に対して差異を生むことができ、生き残ることができます。

COLUMN

差異の追求は人生の追求と同じ

夏目公一朗（邪神ちゃんドロップキック製作総指揮・一般社団法人アニメジャパン副理事長）

今や世界中で人気を博しているマンガやアニメ。ここに至るまでにはクリエイターたちの優れた創作力だけでなく、マーケティング関係者の苦労や創意の積み重ねがあります。

私は縁あってアニメ「邪神ちゃんドロップキック」の製作統括というポジションを務めていますが、かつてはアニメ業界のメインプレイヤーであるアニプレックスの代表取締役を務めていました。アニプレックスは昨年設立20周年を迎えたまだ若い会社ですが、宣伝やマーケティングにおいては他社との差異を追求し続けてきました。

その詳細をここでは省きますが「邪神ちゃん」の宣伝にも同じ匂いを感じています。差異の追求はアニメだけに限らず他の業界にも必要な要素、もっと言えば人生を生き抜くうえで役立つ要素が詰まっています。著者柳瀬さんの求める「差異」とは何なのか…突き詰めれば「**熱い情熱、前例にとらわれない創意工夫、環境の変化への柔軟で素早い対応**」ということになるのではないでしょうか。

彼の語る様々なエピソードを読み進むうち、読者の皆さんもそれぞれの生き抜く力が湧いてくることと思います。

PART2

第二部

吉田尚記対談
「なぜ、邪神ちゃんマーケティングはそうなのか」

第二部ではアニメ・アイドルなどのポップカルチャーに関する番組・イベントの司会を数多く行い、『なぜ、この人と話をすると楽になるのか』『オタクを武器に生きていく』など、生き方・働き方に関する著書で知られている、ニッポン放送アナウンサーの吉田尚記さんと共に、邪神ちゃんマーケティングの読み解きを行っていきます。

なぜ邪神ちゃんはそれをやるのか

吉田：それでは、ここからは私が読者に代わって皆さんが気になりそうなところについてインタビューをしていこうと思います。私はまず柳瀬さんがロビンソン・クルーソー[1]みたいだなって思いました。無人島に流れ着いたけど道具も何もない。でも目に入ったいろいろなものを、もしかしたらこういうふうに使えるかもしれない、ああいうふうに使えるかもしれない、と工夫をすることで生き延びているような感じがします。

柳瀬：『野生の思考』[2]ですね。

吉田：はい、普通は会社の仕事は西欧的な思考に基づいていて、最初に計画を立ててからちゃんとその**計画が予定通りに進捗しているか確認していく**ものだと思

1 イギリスの小説家ダニエル・デフォーの小説。無人島に漂着した冒険家が独力で生活を築いてゆく様子を描く。

2 フランスの人類学者・クロード・レヴィ＝ストロースの著書。西欧文明を絶対視する自文化中心主義を批判する。

います。現代人はみんな**PDCAサイクル**[3]が大好きじゃないですか。

柳瀬：大好きですね。すごく説得力のある論なので仕事とはそうあるべきなんだと信じて疑わない人もいると思います。ただ私は『野生の思考』でレヴィ＝ストロースが明らかにしたように、西洋近代の合理性に基づく考え方が他より優れた唯一絶対のものとは思えません。仮にその枠組みで説明するなら、邪神ちゃんはさしずめ**PDDD**[4]といったところで、PDCA型の人が4ターンに1回しか実行しないのに対して、4ターン中3回実行しています。たくさん失敗もしますが、その分市場やファンの気持ちがわかるようになるのでその後の施策を考える時にPとCとAにかかるコストが軽減されてより良いものを作れるようになります。

吉田：柳瀬さんのやり方は目の前にあるものを組み合わせてなんとかしていく**ブリコラージュ**という手法ですよね。最初から完成形を想定していないというか、永遠に完成しないのが当たり前という。うまく行くかどうかはわからないけど、誰かが思いつくであろういろんな組み合わせのうち、誰もやらなかったものを実現し続けている。邪神ちゃんはその集大成だと思います。それにしても、違法アップロードを合法にするとか、**普通の社会人だったらそこはやめておきましょうよっていうラインを柳瀬さんがやすやすと乗り越えているのはなぜ**なんですか？

3 Plan（計画）、Do（実行）、Check（測定・評価）、Action（対策・改善）を繰り返す継続的な改善方法。

4 本書の造語。

柳瀬：まず前提としていつも**クリティカル・シンキング**[5]はするように心がけています。みんなが当たり前と思っていることを「それって当たり前なの?」とか「本当にそれはやらなきゃダメなの?」とか「ダメだとするとそれはなぜ? 誰が決めたの?」など、とことん考えます。これは普通に多くのビジネスマンがやっていることです。

思いつきはするけど普通はやらないことを邪神ちゃんがやる理由は明確で2期キャンペーンの項目でお話しした通り、**やらないことがリスクだから**です。その際に邪神ちゃんの持つ「何でもあり感」にはすごく助けられていて、邪神ちゃんはクズでダメで、思いついたら考えなしにやってみようとするキャラクターなのでたいがいのことは「**邪神ちゃんだからしょうがない**」で納得してもらえるのが大きな強みだと思っています。

吉田：確かにみんなが当たり前と思っていることを疑うことは、イノベーションを起こす上で一番大切な視点ですよね。それにしても邪神ちゃん、**何をやってもブランドを毀損しないって、ものすごいブランド力**ですね。ある意味無敵のキャラです。でも、いかに邪神ちゃんとはいえ大丈夫だと思っても、実際にやってみたら炎上するということもあると思うんですが、その**リスクについてはどう考えていますか?**

5 批判的思考。物事の前提を疑い、真実や結論を見極めようとする考え方。

柳瀬：富良野の時のように誰も予想できない不意打ちを受けることもあるので、**全てのリスクをヘッジするのは不可能**ですね。あ、でもほとんどのリスクをヘッジする方法ならありますよ。

吉田：それは何ですか？

柳瀬：新しいことをしなければよいのです。そうしたら絶対失敗しないし、絶対に怒られない。

吉田：なるほど（笑）。

柳瀬：これは全然大手の作品をディスっているとかではなくて、**リスクを負わずに生きていけるならその方がいい**に決まっています。別に邪神ちゃんもリスクが好きなわけではなく、そうしないと生き残れないから挑み続けているだけで、本当は銀行に預けた100億円が毎年資産運用で3億円くらい生んでくれたら、そのお金で無限にアニメを作れるのになあといつも考えています。

吉田：いや邪神ちゃんはリスク上等の勝負師でしょう。安定運用している邪神ちゃんはもはや邪神ちゃんではないですよ。まあ、邪神ちゃんは置いておくとして、世の中には成功することよりも、失敗しないことや怒られないことに重きを置いているケースの方が圧倒的に多いと思うんです。毎年300作品の新作が出てくる中、変わった宣伝に挑戦している作品はごく一部なので邪神ちゃんはまだまだ差異を描けています。でもこの本を読んで**みんなが変わったことを始めたら邪神ちゃんは目立たなくなってしまうんじゃないですか**？　ましてや大手がそれをやるようになったらどうなるんでしょう。

柳瀬：大手がゲリラの手法を取り入れるのが一番怖くて、現在その方法で成功しているのが日清食品だと思います。プロがバズりを狙ってサブカル表現を取り入れ、弱者では手が出ない4マス[6]を中心に物量で展開されると、手に負えないです。

吉田：日清は攻めてますもんね。確かにゲリラ戦もできる正規軍、怖いなあ。じゃあゲリラ自体がたくさん増えて邪神ちゃんが埋没していくのは怖くないですか？

柳瀬：いや、それも怖いですけどありがたい話でもあるんですよ。最近は他のアニメ作品がクラウドファンディングや放送前切り抜き、公式主導の同人イベントなどちょっと変わった施策を行うと「それは最初に邪神ちゃんがやっていた」って言われるようになってきました。**リスクを負って最初に海に飛び込んだペンギン[7]は語り継いでもらえる**ので、これもまた作品の永続に効くと思うんです。邪神ちゃん

6　テレビ、ラジオ、新聞、雑誌4つのメディアのこと。

7　ファーストペンギン。群れの中から危険が潜む海へ最初に飛び込むペンギンのこと。

がきっかけになって市場全体が面白くなっていくなんてすごくいいことなので、面白いと思ったらどんどんマネしてほしいです。

なぜ他はそれをやらないのか

柳瀬：私は複数の大手アニメプロデューサーから、私がやっている施策について「**本当はそれは自分がやりたかった**」と言われたことがあります。確かに**私がやっていることはそれほど画期的ではなく、多くは他のジャンルから持ってきた知識を応用しているだけ**なので同様の施策を思いつく人はたくさんいると思います。

吉田：ふるさと納税でアニメを作ったらいいいんじゃないかということは全国で100人くらいは思いついていそうですね。ではなぜそのプロデューサーはそれをやらなかったんでしょうか。

柳瀬：**それをやる必要がないから**ですね。安定した原作の調達、先々までの制作ラインの確保、強い作品をフックにした海外と配信サービスへの販売計画、これらが揃っている大手のアニメメーカーは盤石です。市場と会社からプロデューサーが求められるのは1つの作品にこだわることではなく、続々と新しいアニメを生み出し続けることなので求められていないことはやる必要がありません。次に、それを実現するための**手間や稼働を捻出できないから**だと思います。もしそのプロデューサーがイノベーションを起こしたいと思っても、大手は基本的に失敗が許されませんし、その強大な作品の強さを生かすためには多くの関係者に対して確認をしたり調整したりすることが避けられません。

吉田：思いつくよりも形にする方がずっと大変ですもんね。それならなぜ邪神ちゃんはそれを実現できているんですか？　どうやってそのコストを支払っているんですか？

柳瀬：まずは邪神ちゃんの場合は**新たなビジネスモデルを生み出さないと死んでしまう**という根本的な理由があり、それゆえに試行錯誤を繰り返すことがもはや当たり前であるという文化が醸成されています。人はきっとこれをベンチャー精神と呼ぶのだと思いますが、**そういう集団なので確認をしたり調整をしたりといった稼働は最低限で済んでいます。**もう、最初から勝利条件が違うのでプロセスが異なるのも当然だと思います。

次に、これはその仕事に従事する個人の話となりますが、私のみならず邪神ちゃんの企画に関連している人たちは実行のためのコストをとても安く生み出していきます。この仕組みを理解して頂くには「**労働の疎外**[8]」と「**ワークライフバランス**[9]」についで説明をしなくてはなりません。少し難しい言葉を使うのですが、昔マルク

8— 資本主義社会において、労働者が働く中で得られる喜びが奪われてしまう状態。

9— 仕事と生活の調和が取れている状態。

スが労働の疎外という概念を生み出しています。この言葉は、労働者が自分の命を費やして作った生産物から作り手の人間性が除外されてしまっていることを指しています。どういうことかと言うと、現代社会は仕事が高度にシステム化され分業化が進んでいるので、労働者は消費者の元に届いた商品の中に自分の人間性、仕事ぶりを感じることができないということです。[10]

それに対応するように近年生まれてきたのがワークライフバランスという言葉で、この言葉は仕事とプライベートを切り分けて、プライベートの方の自分が本当の自分であり、それを実現するためにやむなく業務として自分の時間を切り売りしているような状態を指しているように思えます。ワークライフバランス型の場合、仕事をしている時間以外は仕事のこととか絶対考えたくないですよね。

吉田：話は社会人の一人としてよくわかります。が、邪神ちゃんからマルクスが出てくるとは…！

柳瀬：ええ、高校の歴史で習ったあのヒゲの人の言葉ですよ。我々は自分たちの仕事ぶりに対してファンからのフィードバックがあるので労働の疎外に陥ることがありません。その結果仕事をしていない時もいつも**みんなが喜ぶような楽しいことはないかな？**という気持ちで全ての物事を見るようになります。このイベン

10 ドイツの哲学者、経済学者、革命家。『資本論』で有名。

トスペースは借りられそうとか、このグッズは仕入れられそうだとか、このお店はコラボできそうとか、このキャンペーンはマネできそうとか、この考え方は応用できそうとか、目に入るもの全てをそのような視線で眺めています。そして並行してどうすれば実現できるだろうかという道筋も考えるようになるので、人と話す内容や読む本なども変わってきます。これが**私がアニメ宣伝だけではなく他のジャンルからたくさんの情報を持ってくることができる理由**です。四六時中仕事をしている**ワーカホリック**とも全然違いますし、**やる気搾取**をされているのとも違う。自然と情報収集コストと企画立案にかかるコストがほとんどかからない状況を実現できています。このあたりは吉田さんの著書『オタクを武器に生きていく』にも通じるのではないでしょうか。

吉田：好きなことをやるのにコスト意識って発生しないですもんね。むしろ、コストを感じないことを「好きなこと」と言えるのかもしれません。柳瀬さんはよく言われるように、好きなことを仕事にした方がいい、と思いますか？

柳瀬：いや、私の周りには**自分の好きなコンテンツのために身を粉にして働いているのに全然幸せそうではない人が何人もいる**ので一概にそうとは言えません。好きかどうかよりは自分の仕事ぶりを誰かに認めてもらえるとか、誰かに喜んでもらえるとかの方が重要な気がします。そうそう。今まで邪神ちゃんとコラボすると**コラボ先の方が邪神ちゃんの仕事しかしなくなる**という現象が何度も発生しました。あれはたぶん、**その仕事が楽しかったから**だと思うんです。私は任せたり任されたりすることが大事だと思っているので基本的に「好きにやって下さい、やりたいようにやって下さい」と言います。そうするとその人は邪神ちゃんコラボを通して自分のやりたいことを実現できて、ファンの皆さんからフィードバックを得ることができる。それは普段自分の人間性を発揮しにくい環境に勤めている人にとっては得難い経験なのでコストが度外視されている。そういうふうに見えます。

邪神ちゃんマーケティングの正体

吉田：なるほどこの比較表はわかりやすいですね。（P240図）この本は一貫して強者である大手メジャー作品と、弱者である邪神ちゃんの差異を「邪神ちゃんマーケティング」として描いているので、様々な項目で比較したら邪神ちゃんマーケティングの輪郭が見えそうです。本に書いてあったことを図にするとこんな感じになりますね。（P241図）

項目	大手・メジャー	邪神ちゃん
クリティカル・シンキング	誰でもできる	誰でもできる
イノベーションの必要性	低い	必須
失敗	してはならない	することもある
確認・調整	とても多い	少ない
労働の疎外	陥りがち	陥らない
イノベーションが発生する確率	低い	高い

項目	大手・メジャー	邪神ちゃん
分類	メジャー	インディーズ
資本力	巨大	貧乏
メンバー	大人数	少人数
意思決定	合議	委任
成功事例横展開	積極的	消極的
失敗	してはならない	することもある
イノベーション	生まれにくい	生まれやすい
進行	きちんとする	スピード重視
あるべき論	受容せざるを得ない	嫌い
枠組み	秩序	逸脱
作品数	複数	単独
SNS発信	普通	多い
SNS運用方針	画一的	個性的
情報の流れ	一方通行	双方向
YouTubeチャンネル	単独運用しない	単独運用する
活動	放送終了後激減	永続を目指す
違法コンテンツ	排除	取り込む
楽しみ方	基本的には消費	参加と創造を重視
二次創作	黙認(もしくは否認)	推奨
IP管理	厳格	緩め
権利	囲い込み	オープンソース
ファン	登用しない	登用する
ファンとの距離	遠い	近い
お金に対して	明らかにしない	あけすけ
例えるなら	正規軍	ゲリラ

柳瀬：今まで大手との比較に関する話で一番印象に残っているのは、ある経営者の人から「**邪神ちゃんは儲かっていないからうまくいってるんだよ**」と言われたことですね。なんという慧眼。あまりにも本質を言い当てている。

吉田：吉田豪さんが「**割に合わないところにライバルはいない**」って言ってたのを連想します。

柳瀬：そうなんですよ、割に合わないことは誰もやりたくないですからね。本来ビジネスをやっていく上では儲からないということはとんでもない弱みなんですが、**儲からないがゆえにお金や権利に目ざとい人たちに見向きもされない。だからあるべき論に従う必要がなく、少人数で試行錯誤を繰り返すことができる。その結果世間の枠組みから逸脱し、それが大手との差異を生んでいる。**ざっくりと邪神ちゃんマーケティングを説明できちゃいます。

吉田：儲からないという弱みを見事に強みに変えていますね。

柳瀬：これは当の私が驚いたくらいですから、元々狙ってやっていたわけではありません。ただ、私はよくTwitterで「**まるでメジャー作品のようだ**」とは言うんですが、決して邪神ちゃんはメジャー作品だとは言いません。たぶんそれはメジャー作品になってしまった時には、それはもう今の邪神ちゃんとは別のものになっているはずだということに気がついているからです。こうして比較表にしてみると、この本は邪神ちゃんマーケティングを通して**弱いことは強い。強いことは弱い。そこに上下はなくただ特徴としての差異があるのだ**ということを明らかにできたと思います。

吉田：なるほど、それはアニメ宣伝以外にも応用できそうな普遍性の高い考え方ですね。

読者と共有したいゴール

吉田：大まかな本の内容の振り返りはできたと思うので、ここからは読者の皆さんに目線を移してお話ししていきましょう。柳瀬さんが「ずっと邪神ちゃんを続ける」というチャレンジを通して読者に届けたいメッセージは「**やりたいことを続けられるようになろう**」ですよね。

柳瀬：そうです。**やりたいことを仕事にしようではないです。そこに至るためのステップ論です。**

吉田：やりたいことを仕事にするまではできる人は結構いると思うんですが、それを続けていくことは本当に難しい。アーティストの場合はメジャーデビューする壁、ヒットを出す壁、それを出し続ける壁の3つも乗り越えなくてはならないハードルがあるそうですよ。**柳瀬さんは邪神ちゃんだけで食っていけてるんですか？**

柳瀬：**食っていけてないです。**邪神ちゃんの製作委員会からは業界水準のフィーは頂いてますけどそれだけではやっていけません。

吉田：え、それじゃあこの本のメッセージは「儲かるかどうかは別としてやりたいことをやろう」になっちゃいませんか？

柳瀬：いや、ところがそうではなくて。私の場合は邪神ちゃん単体では儲かっていないのですが、邪神ちゃんの宣伝が注目されたおかげで、他の作品のプロデュースやアニメビジネスのコンサルティングのお声がけを頂くようになり、ありがたいことに3年先まで仕事が埋まっている状態です。また、テレビに出演したり、講演会を行ったり、こうして本を書くことも新しい仕事になりました。

吉田：利益率の低い魅力的な看板商品で顧客を獲得するやり方、まさにマーケティングですね。売れないアーティストが夜コンビニでバイトをしているような感じでもありますけど。

柳瀬：はい。やりたいことを仕事にしようと言うのは簡単なんですが、そのやり方は誰も教えてくれないんですよね。強い人は強さを生かして戦って下さい。弱い人は強くなって下さい。戦って負けたら自己責任なので諦めて下さい。この常識の中では弱い人は淘汰されるしかありません。**でも本当にそうなんでしょうか？**

吉田：まさにアニメ市場における邪神ちゃんがそうだったわけですね。

柳瀬：邪神ちゃんは本来は3ヶ月で淘汰される運命だったのですが、弱さを生かした結果少しずつ強くなってきて今や中堅ＩＰとしてかろうじて生き残れそうな可能性が見えてきている。だとするならば、**この生き残り戦略はやりたいことを仕事にしようと思っている、今はまだ弱者の皆さんにも当てはまる**んじゃないでしょうか。

吉田：ここで冒頭の「この本の目的」を回収するわけですね。**この本の目的は読者の皆さんにマーケティングの力を使ってそれぞれの人生をより良くしてもらうこと**と宣言しています。では我々はどのようにマーケティングの力を使って、それぞれの人生をより良くすればよいのですか？

柳瀬：はい。まずはこちらのフローチャートをご覧ください。
最初は**やりたいことがあるかどうか**で分岐します。やりたいことがない人はどうしたらいいかという大きな問いについてはここでは論じませんが、やりたいことがないと労働の疎外からの脱却と稼働コストの圧縮ができないので物量で戦うしかなくなります。物量で戦うしかないということはランチェスター戦略が明らかにしている通り多い方が勝って終わるので何も論じることがありません。この本を手に取ってくれた方は何かしらやりたいことがある人だと思うので「はい」の方に進みます。

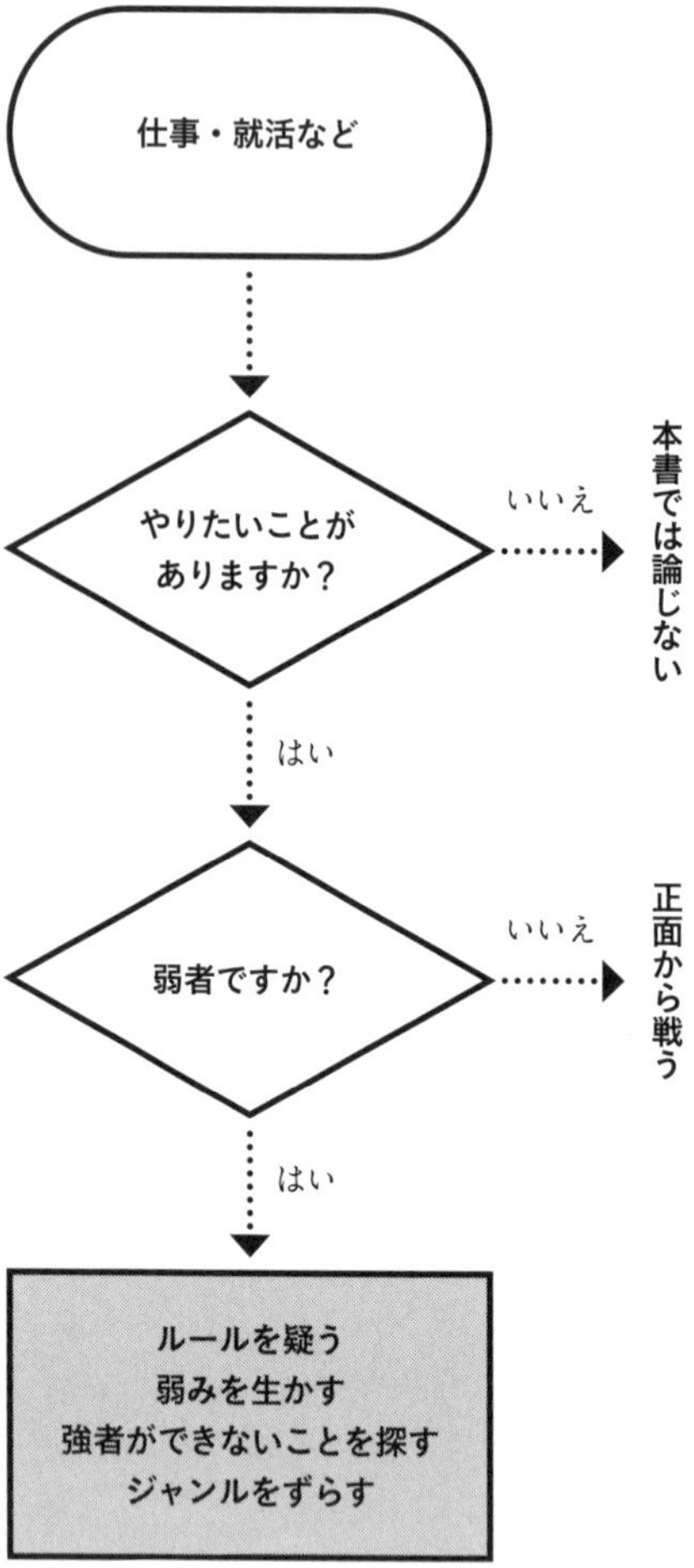

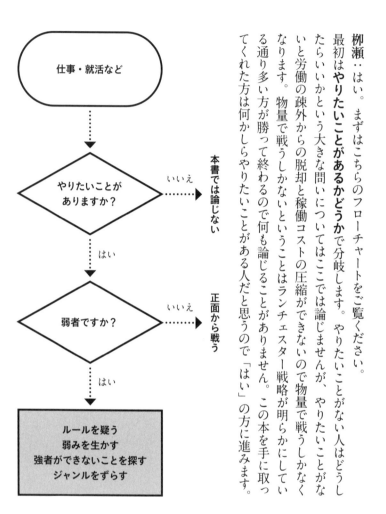

次に、あなたが**弱者かどうか**で分岐します。あえてここで明示しているのは、**本当は弱者なのに自分をそう認識しておらず、あたかも強者のように振る舞っている人がいるから**です。そういう人はかつて私が弱者なのに強者を真似して失敗したように負けるべくして負けてしまいます。ここで「いいえ」と答える人は正面から戦いましょう。「はい」と答える人は邪神ちゃんを思い出してください。邪神ちゃんはルールを疑い、強者ができないことを探し、弱みを生かし、ジャンルをずらしたり他のジャンルから武器を持ち込んだりして戦い、生き残りました。この考え方を皆さんそれぞれの状況に当てはめて、やれることを考えてみて下さい。

吉田：本筋としてはとてもはっきりしてますね。ただ、具体例の邪神ちゃんが超レアケースなので…！　例えば就活とか転職の場合はどうなりますか。

柳瀬：貿易の一番の基本って何だかご存じですか？「**商品を、それがないところに持っていって売る**」です。仮にアニメの仕事をしたい人がいたとして、アニメの仕事をしたいからアニメの会社を受けるべきという考え方がすでに枠組みにとらわれているので、まずそこを疑った方がいいです。アニメ大手のアニプレックスの面接を受けるのに「私はアニメを毎クール10本観ています」と言っても、他の候補者に対して普通すぎて全く差異が描けないと思います。ところが、これがアニメとは全く関係のない、これからアニメを活用して販売促進をしていきたいと考えている一般企業だったり、アニメを使って町おこしをしたいと考えている自治体だったらどうでしょう。

吉田：採用するおじさんたちからすると、まず周りにアニメに詳しい人がいないでしょうから、アニメについて造詣が深いというだけで価値を感じるでしょうね。

柳瀬：私は就職氷河期世代[11]なので、学生の頃からアニメやゲームなどのエンタメを仕事にしたいなと思っていて**角川書店が第一志望だったんですが箸にも棒にもかかりませんでした。ゲーム会社の内定も1つも取れなかったです。**ところがゲームばっかりやってたという弱みが、これからケータイの上でコンテンツを動かしていこうと考えていたNTTドコモには刺さり、お堅い感じの通信企業に入社することになりました。その後ドコモの中でアニメ配信サービスを企画していくことになるんですが、当時自分が所属していたサービス企画を行う部署にアニメ・ゲームに詳しい人がいなかったのでメイン担当としてアサインされました。

吉田：なるほど。でもそれって柳瀬さんの弱みだったんでしょうか。

柳瀬：はい、二重の意味で弱みだと思います。1つは自分の同世代が将来に向けて勉学やスポーツやバイトに勤しんでいた時間を私はゲームをやり込むことに消費

11――バブル崩壊後、1993年から2005年に社会に出た世代。柳瀬・吉田はここに含まれる。

してしまったということ。もう1つはその程度のやり込みだとそれを専門とする世界では通用しない程度の特徴だということ。ね、全然弱いでしょう?

吉田:「好き」のネガティブな2つの側面と言えるかもしれないですね。ただその弱みも、デリバリーする場所によっては強みとして生きる。これはいろんな状況で、やりたいことをやり続けるために応用できそうです。じゃあ、今度は職種を具体的に。宣伝や広告、販売などをしている人の場合はどうでしょうか。

柳瀬:まずは自分が弱者であることを認めて、競合となっている大手がやらないことを探していきましょう。ソーシャルメディア運営は勝ち目があるので、自分に適したものを選び、バズりに挑戦して下さい。大手と同じように商品情報を発信するだけでは全然足りないです。自分の弱さを強みに変えて注目を集めていきましょう。大手は決して自分の恥を晒したりはしませんから「売上が伸びない」「ヒット商品が生まれない」など自分たちの弱みを発信していくのもいいと思います。この時大事なのは単に自虐をやるのではなくて、**そうすることがエンタメとして面白いものになっている**ことです。
また、同じ仕事を続けているとどうしても視野が狭くなってくるのは誰にも言えることなのですが、特に大手の場合は今が勝っている状態なのでそれを維持するために保守を好みます。ですからそこに挑む弱者の方は、0から何かを発明しようと考えるのではなく、**他のジャンルでうまくいっているものを見つけてその考え方を持ち込みましょう。**そして最後は自分が売りたいもの、それは自分自身だったり商品だったりすると思いますが、その**ファンを大切にしていくこと**です。大手は顧客の数が膨大です。その構造上一人一人のファンの顔を思い浮かべながら何かを企画していくということは苦手なのできっとそこには勝機があるはずです。

フィクションがつなぐ関係性

吉田：これが最後の質問になりますが、それにしたって**柳瀬さん、邪神ちゃんのこと好きすぎじゃないですか？**　何が柳瀬さんをそこまでさせているんですか？

柳瀬：なんでそこまで肩入れしているのかとよく言われます。少しちゃんとお話しをすると、私は単にファンとして邪神ちゃんを好きだというだけではなく、邪神ちゃんにもっと大きな可能性を感じています。私は、我々が生きている現代社会は個人主義が行きすぎてしまって人と人との関係性がとても希薄な世界だと思っています。元々日本は宗教の力が強くなく、戦後は国家イデオロギーもなくなり、大家族・家父長制、地域が解体され、最近では終身雇用制もなくなってしまいました。だからその代わりに個人と社会を繋ぐものがお金しかなくなってしまって、何でも経済合理性で判断するような世界になっているように思えます。この、今まであった社会の繋がりが失われてバラバラになってしまう状態は世界的にも大きな社会問題になっています。開沼先生の言葉を借りるならこれまで社会にあった色が失われていく「**漂白される社会**」です。

これは私が今大学で研究しているテーマでもあるんですが『**孤独なボウリング**』[12]という本があって、この本は人間関係が希薄化してしまったアメリカの社会とその回復について描いています。私は今フィクションであるアニメが人と人を繋いでいるということを身をもって体験していて、たまたま声をかけられて始めた邪神ちゃんの仕事を、私も最初はこんなに好きになるとは思わなかったですし、この6年間ユキヲ先生や声優さんたちを含む作品を作る邪神ちゃんチームのみんなと、それを楽しんでくれる邪教徒の皆さんとの絆がこんなに大切なものになるとは思いませんでした。そしていつの間にかすっかりここが自分の居場所になってしまいました。だいたいのものがお金で判断されてしまうこんな世の中だからこそ、経済合理から外れた邪神ちゃんで繋がる関係性を失いたくないのだと思います。**お金で買えるものはその金額相当の価値しかありませんが、この関係性は値付けができない**ですからね。

吉田：なるほど、それってフィクションが生み出した縁が社会学者の見田宗介の言う新しい時代の見晴らしを切り開くことに効いているってことなんじゃないですか？　そこにはお金では測ることができない新しい幸せの形があるということなのですね。ありがとうございました。

12——アメリカの政治学者ロバート・パットナムの著書。

おわりに

私は長年「ピンチはチャンス」という言葉に対して「**ピンチじゃない方がチャンスに決まってるじゃん意味わかんない**」と思っていたのですが、今ではこの言葉を理解しています。これは本当に追い詰められた時にだけ「**このままだと確実に死にます。このまま死にますか、それとも命をかけてひと暴れしてみますか？**」という選択肢が現れるということだったのです。この本で言うと2期キャンペーンと富良野の件がわかりやすいですね。確かにあの時は行動しなければアニメ邪神ちゃんは死んでいたので、ピンチ（死地）をチャンス（機会）に変えることができたと思います。諸葛孔明の「座して死を待つよりは、出て活路を見出さん」という言葉、今なら理解できます。

私がこの言葉を理解できなかったのは、長い間大企業に勤めていて本当のピンチに直面したことがなく、自分が強い会社に守られていることに気づいていなかったからです。**環境が持つ特徴は透明化してしまい認知できなくなる**のですね。当時の私はそれに気づかずに社内調整が大変だとか、こんなに動きが遅かったらイノベーションなんて起こせないとかとても生意気なことを言っていました。

しかしそこを出た私は大手の強さを差異として認識できるようになり、同時に大手がやりたくてもやれない施策というものをたくさん発見するようになりました。この本の事例は大手の方にとって「**そんなことやっていいんだ?!**」という固定概念をぶち壊すものだったと思います。**現状を疑い弱さという強みを生かして差異を描いていく**というシンプルなメカニズムは枠組みの内側にいる人には気づけません。だからこそこの本が外側からの刺激となって、皆さんはそれぞれの「邪神ちゃんマーケティング」のきっかけとして頂けたら、これ以上嬉しいことはありません。

この本を手に取って読んでくれた読者の皆さん、ありがとうございました。感想をAmazonのレビューに書いたり、ハッシュタグ「#邪神ちゃんマーケティング」でツイートして頂けたら全部読みますし、邪神ちゃん公式アカウントで紹介したり、プロモーション番組で紹介したりもします。この本がたくさん売れると作品の生き残りに効きますので、ぜひ一緒に邪神ちゃんを盛り上げて下さい。あなたも今日から邪教徒です。また、この本を読んで私や邪神ちゃんと一緒に何かしたいと思った方は公式アカウント宛にお気軽にご連絡下さい。

次に、この本を出版するに当たり「邪神ちゃんはグレイトフル・デッド」と看破してくれた太田出版の森さん、本の書き方を教えてくれた吉田尚記さん、ありがとうございます。邪の道に引き込んでくれた高麗さん、邪神ちゃんチームのユキヲ先生、石川さん、ヤンさん、内林さん、いつも私にやりたいようにやらせてくれてありがとうございます。

そして妻へ。今まで言わなかったけど邪神ちゃん3期の時にどうしてもお金が足りなくて**家のお金を1000万円くらい使ってしまいましたごめんなさい**。でもトータルでは勝ってるから大丈夫です。子どもたちへ。一番大切なことは利他的でいること。どうしたらみんなの役に立つかを考えることを忘れないでね。

最後に、邪神ちゃんを応援してくれる邪教徒の皆さま、いつもありがとうございます。邪神ちゃんは参加するコンテンツです。これからも一緒に邪神ちゃんを作っていって下さい。近々またイベントでお会いしましょう!

モカがおいしい本郷のカフェにて。

柳瀬一樹(邪神ちゃんドロップキック宣伝プロデューサー)

文献

デイヴィッド・ミーアマン・スコット（著）・ブライアン・ハリガン（著）・渡辺 由佳里（翻訳）・糸井 重里（監修）『グレイトフル・デッドにマーケティングを学ぶ』、日経BP、2020年

日本動画協会『アニメ産業レポート：一般社団法人日本動画協会報告書』、日本動画協会、2023年

中山 淳雄『エンタメビジネス全史：「IP先進国ニッポン」の誕生と構造』、日経BP、2023年

増田 弘道『アニメ産業構造論』、2022年

津堅 信之『日本アニメ史：手塚治虫、宮崎駿、庵野秀明、新海誠らの100年』、中央公論新社、2022年

藤津 亮太『アニメと戦争』、日本評論社、2021年

エドワード・バーネイズ（著）・中田 安彦（翻訳）『プロパガンダ』、成甲書房、2010年

関谷 直也・薗部 靖史・北見 幸一・伊吹 勇亮・川北 眞紀子『広報・PR論：パブリック・リレーションズの理論と実際』、有斐閣、2022年

ピーター・F・ドラッカー（著）・上田 惇生（翻訳）『マネジメント[エッセンシャル版] - 基本と原則』、ダイヤモンド社、2001年

フィリップ・コトラー（著）・恩藏 直人（翻訳）・大川 修二（翻訳）『コトラーのマーケティング・コンセプト』、東洋経済新報社、2003年

マーシャル・マクルーハン（著）・森 常治（翻訳）『グーテンベルクの銀河系：活字人間の形成』、みすず書房、1986年

和田 充夫・恩藏 直人・三浦 俊彦『マーケティング戦略〔第6版〕』、有斐閣、2022年

ヘンリー・ジェンキンズ（著）・渡部 宏樹（翻訳）・北村 紗衣（翻訳）・阿部 康人（翻訳）『コンヴァージェンス・カルチャー：ファンとメディアがつくる参加型文化』、晶文社、2021年

マーク・スタインバーグ（著）・中川 譲（翻訳）・大塚 英志（監修）『なぜ日本は「メディアミックスする国」なのか』、KADOKAWA、2015年

イアン・コンドリー（著）・島内 哲朗（翻訳）『アニメの魂：協働する創造の現場』、NTT出版、2014年

ゾーイ・フラード・ブラナー（著）・アーロン・M・グレイザー（著）・関 美和（翻訳）『ファンダム・レボリューション：SNS時代の新たな熱狂』、早川書房、2017年

クリス・アンダーソン（著）・小林 弘人（監修）・高橋 則明（翻訳）『フリー：〈無料〉からお金を生みだす新戦略』、NHK出版、2009年

大谷 尚之・松本 淳・山村 高淑『コンテンツが拓く地域の可能性 -コンテンツ製作者・地域社会・ファンの三方良しをかなえるアニメ聖地巡礼-』、同文舘出版、2018年

山村 高淑『アニメ・マンガで地域振興：まちのファンを生むコンテンツツーリズム開発法』、PARUBOOKS、2019年

ダニエル・デフォー（著）・鈴木恵（翻訳）『ロビンソン・クルーソー』、新潮社、2019年

クロード・レヴィ＝ストロース（著）・大橋 保夫（翻訳）『野生の思考』、みすず書房、1976年

カール・マルクス（著）・長谷川 宏（翻訳）『経済学・哲学草稿』、光文社、2010年

吉田 尚記『オタクを武器に生きていく』、河出書房新社、2022年

開沼 博『漂白される社会』、ダイヤモンド社、2013年

ロバート・D・パットナム（著）・柴内 康文（翻訳）『孤独なボウリング：米国コミュニティの崩壊と再生』、柏書房、2006年

見田 宗介『現代社会はどこに向かうか――高原の見晴らしを切り開くこと』、岩波書店、2018年

著者

柳瀬一樹　1977年東京都生まれ。東京大学大学院学際情報学府修士課程在籍。上智大学外国語学部卒業。2002年株式会社NTTドコモ入社。2012年アニメ配信サービス「dアニメストア」のサービス設計を担当。2016年株式会社KADOKAWAに入社。2019年に独立しTVアニメ「邪神ちゃんドロップキック」「理系が恋に落ちたので証明してみた。」「恋と呼ぶには気持ち悪い」「最弱テイマーはゴミ拾いの旅を始めました。」「異世界ゆるり紀行」等の宣伝プロデューサーを務める。全国初のふるさと納税を用いたアニメ制作や、違法アップロードよりも早い公式切り抜き動画配信、違法アップロードの合法化など今までにないプロモーションの案を練る。

宣伝は差異が全て

邪神ちゃんドロップキックからマーケティングを学ぶ

2024年 9 月12日　初版発行
2024年10月17日　第2刷発行

著者　柳瀬一樹
発行人　森山裕之
発行所　株式会社 太田出版
〒160-8571　東京都新宿区愛住町22　第3山田ビル4階
TEL 03-3359-6262　FAX 03-3359-0040
ohtabooks.com
印刷・製本　中央精版印刷株式会社

装丁　山田益弘（mount）
校正　鷗来堂
編集　森一暁
協力　邪神ちゃんドロップキックX製作委員会
フレックスコミックス株式会社

ISBN978-4-7783-1966-3 C0033